Rezepte aus der Bibel

Joachim Hutt & Helmut Klein

Rezepte aus der Bibel

Einfach göttlich:
Vom paradiesischen Apfelkuchen bis zum würzigen Passah-Lamm

Mit Illustrationen
von Rudi Hurzlmeier

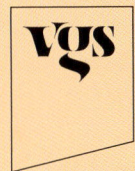

Die Deutsche Bibliothek – CIP-Einheitsaufnahme

Hutt, Joachim:
Rezepte aus der Bibel : einfach göttlich: vom paradiesischen Apfelkuchen
bis zum würzigen Passah-Lamm / Joachim Hutt & Helmut Klein. Ill.: Rudi Hurzlmeier.
– 1. Aufl.– Köln : vgs, 2000
ISBN 3-8025-1431-9

1. Auflage
© vgs verlagsgesellschaft, Köln 2000
Redaktion: Susanne George
Produktion: Annette Hillig
Fotoproduktion: Kölner Medienfabrik
Fotos: Stefan Adam
Umschlagfoto: Jean-François Rivière
Umschlaggestaltung: Sens, Köln
Layout: Matthias Hugo, Köln
Satz: Achim Münster, Overath
Lithografie: purpur, Köln
Printed in Germany
ISBN 3-8025-1431-9

Inhalt

Liebe Leserinnen und Leser,

im Alten und Neuen Testament wurde nicht nur Gottes Wort verkündet, sondern auch göttlich gespeist. Zwar finden sich in der Bibel keine kompletten Rezepte, doch gibt es sehr viele Anlässe, bei denen üppig gegessen und getrunken wurde.

Denn ob Propheten oder die Jünger Jesu — alle Hauptpersonen der biblischen Geschichte haben eines gemeinsam: Sie frönten auch dem kulinarisch-genussvollen Leben. Wir lassen die berühmtesten Ereignisse noch einmal für Sie Revue passieren — immer mit einem leicht philosophischen Augenzwinkern, was auch in den Zeichnungen von Rudi Hurzlmeier zum Ausdruck kommt. Und wir haben nachgekocht, was unserer Meinung nach damals auf dem Speiseplan hätte stehen können.

Kommen Sie also mit auf unsere kulinarische Bibel-Reise. Wir laden Sie ein zum Apfelkuchen-Picknick mit Adam und Eva, kochen für Kain und Abel eine Versöhnungssuppe, servieren Ihnen Jakobs Linsengericht und stoßen mit Noah auf die geglückte Landung seiner Arche an. Mit Josef, der von seinen Brüdern als Sklave nach Ägypten verkauft wurde, backen wir eine Pharao-Pizza — und mit Moses, der sein Volk durch die Wüste ins Gelobte Land führte, essen wir Wachteln und Manna-Krapfen.

Herrliche Gaumenfreuden erwarten den Genießer am Hofe König Davids und König Salomos: Davids gefülltes Hähnchen für Batseba und Salomos Büfett für die Königin von Saba dürften den Weg von der Bibel-Küche in die Feinschmecker-Küche spielend schaffen. Und wenn Sie mal wieder etwas für das körperliche Wohlbefinden tun möchten: Mit Daniels Diät am Hofe König Nebukadnezars werden Sie sich nach zehn Tagen wie neugeboren fühlen.

Und dann das Neue Testament: Was gab es auf der Hochzeit von Kana außer Wein, den Jesus aus Wasser machte? Dieses Wunder haben wir zum Anlass genommen, ein Hochzeitsmenü für die Gäste von Kana nachzukochen.

Des Weiteren die wundersame Brotvermehrung, bei der auch Kinder zugegen waren: Was würde denen zum Beispiel auf heutigen Kirchentagen schmecken? Das inspirierte uns, ganz neuzeitgemäß vier Jesus-Burger zu kreieren.

Sie sehen, auch eine gute Portion Humor gehört zu den Zutaten unserer Bibel-Küche. Denn wir glauben fest daran, dass Gott uns noch mehr liebt, wenn wir fröhlich sind. Dazu wollen wir mit diesem Buch einen kleinen Beitrag leisten, der unserer Meinung nach zu einer modernen Kirche passt.

Was die eigentlichen Zutaten anbelangt, so werden Sie keine Kartoffeln, Tomaten, Paprika, Nudeln und auch keinen Reis in den Rezepten finden. Denn diese Lebensmittel gab es zu biblischen Zeiten nicht. Doch haben wir auch nicht pedantisch versucht, ausschließlich auf Zutaten der damaligen Zeit zurückzugreifen. Alle Rezepte sind so aufgebaut, dass sie mit Lebensmitteln nachzukochen sind, die man heutzutage in jedem gut sortierten Supermarkt erhält.

Wir wünschen Ihnen viel Spaß beim Lesen und viele schöne Stunden beim Kochen und Genießen.

Joachim Hutt & Helmut Klein

von schöpfungsproblemen und paradiesischen äpfeln

am Anfang schuf Gott Himmel und Erde, und alle Arten von Pflanzen und Bäumen sollten darauf wachsen und Samen und Früchte tragen. Dann befahl er: »Die Erde soll Leben hervorbringen: Vieh, wilde Tiere und alles, was auf dem Boden kriecht.«

1. Buch moses, kapitel 1

Am sechsten Tag der Schöpfung – so heißt es in der Bibel weiter – erschuf Gott den Menschen. Und damit hatte er zum ersten Mal auch ein Problem: Dauernd kam einer und wollte was anderes von ihm. »Lass es regnen, Herr, damit die Fische besser beißen«, forderte der Angler zum Beispiel. Während der Blumenfreund gleichzeitig um Sonne für seine Rosen bat.

Nie konnte Gott es allen Menschen recht machen.

»So geht das nicht weiter«, beschloss er deshalb eines Tages und rief den Rat seiner Engel zusammen. «Ich brauche dringend Urlaub von den Menschen«, teilte er ihnen mit, «wo kann ich mich für ein paar Ewigkeiten vor ihnen verstecken, ohne dass mich einer findet?«

«Wie wär's mit dem Mount Everest?«, schlug der erste Engel vor.

»Ihr vergesst, dass ich in die Zukunft blicken kann«, erwiderte Gott. »Und da sehe ich einen Engländer namens Hillary, der den Everest als erster Mensch besteigt. Er wird mich aufspüren.«

»Dann versuch es mit dem Mond«, meinte ein anderer Engel.

Doch wieder winkte Gott ab: »Da landet irgendwann der amerikanische Astronaut Neil Armstrong …«

Vorschlag um Vorschlag musste Gott so in seiner Weitsicht ablehnen.

Bis der weiseste der Engel ihm riet: »Dann gibt es nur einen Platz, wo der Mensch dich nicht suchen wird. Verstecke dich im Menschen selbst!«

Diesen Rat befolgte Gott und ward seitdem nicht mehr gesehen.

Eine schöne Parabel, finden Sie nicht auch? Aber eben nur eine Parabel. Sonst hätte Gott bestimmt auch vorausgesehen, welch köstliche Kuchen man mit Äpfeln backen kann. Und wir wären heute noch im Paradies, weil er Adam und Eva dann vermutlich nicht verjagt, sondern mitgegessen hätte.

Am Sündenfall lässt sich nichts mehr ändern. Aber ein Stückchen Paradies können Sie sich zurückerobern – mit einem Stück von unserem paradiesischen Apfelkuchen und anderen herrlichen Apfelrezepten.

Paradiesischer Apfelkuchen

Für 8 Stücke

zutaten

1 kg säuerliche Äpfel
(nach dem Schälen und Putzen ca. 750 g)
50 g Haselnüsse
50 g Rosinen
Saft von 1 Zitrone
1 TL Zimt
1 cl Calvados
150 g Butter
150 g Zucker
1 Päckchen Vanillezucker
4 Eier
1 Prise Salz
abgeriebene Schale von 1 Zitrone
300 g Mehl
1 Päckchen Backpulver
4 EL Milch

zum Backen + Bestreuen

Butter zum Fetten der Form
3 EL Zucker
1 TL Zimt
50 g Butter zum Backen

zubereitung

1. Äpfel schälen, entkernen und in kleine Würfel schneiden. Haselnüsse grob hacken und zusammen mit Rosinen, Zitronensaft, Zimt und Calvados unter die gewürfelten Äpfel mischen. Ziehen lassen.
2. Aus Butter, Zucker, Vanillezucker, Eiern, Salz, Zitronenschale, Mehl und Backpulver mit den Quirlen des Handrührers oder in der Küchenmaschine einen glatten Teig rühren.

zum schluss

3. Backofen auf 200 Grad (Gas: Stufe 4) vorheizen. Springform (28 cm Durchmesser) gut mit Butter einfetten. Ca. 2/3 des Rührteiges hineingeben.
4. Die Apfelmischung vorsichtig dazugeben. Nun die Milch zu dem restlichen Teig gießen und nochmals kurz durchrühren. Über die Äpfel verteilen, sodass eine möglichst glatte Oberfläche entsteht.
5. Zucker und Zimt mischen und mit einem Löffel über den Kuchen streuen. Butter in Flöckchen darauf verteilen. Im Ofen ca. 60 Minuten backen.

servier-tipp

Am besten klassisch mit frischer Schlagsahne. Diese kann mit einem Schuss Cointreau veredelt werden.

Evas Apfelschlange

Für 4 Personen

zutaten

für den strudelteig
250 g Mehl
1 Ei
1 TL Olivenöl
1 Prise Salz
⅛ l lauwarmes Wasser

für die füllung
100 g getrocknete Feigen
100 g Haselnüsse
100 g Marzipan-Rohmasse
200 g griechischer Joghurt
Saft von 1 Zitrone
1 cl Calvados
3 Äpfel (Boskop oder Braeburn)
30 g Rosinen
1 TL Zimt
2 TL Zucker
50 g Butter
50 g Semmelbrösel
Butter fürs Backblech
Puderzucker zum Bestreuen

zubereitung des teiges
1. Das Mehl in eine Schüssel sieben und zusammen mit den anderen Zutaten zu einem glatten Teig verarbeiten. Den Teig auf ein bemehltes Brett geben und eine gut vorgewärmte Schüssel darüber stülpen. Etwa 30 Minuten ruhen lassen.

zubereitung der füllung
2. Feigen, Haselnüsse, Marzipan, Joghurt, Zitronensaft und Calvados in der Küchenmaschine zu einem Mus verarbeiten. Äpfel schälen, Kerngehäuse entfernen und in kleine Würfel schneiden.
3. Alles in eine große Schüssel geben. Rosinen, Zimt und Zucker hinzufügen, das Ganze vermengen und zur Seite stellen. Butter in einem Töpfchen so erhitzen, dass sie gerade flüssig wird. Backofen auf 200 Grad (Gas: Stufe 4) vorheizen.

zum schluss
4. Teig vorsichtig auf einem feuchten Tuch ausbreiten. Mit etwas flüssiger Butter bestreichen und mit den Semmelbröseln bestreuen. Auf die vorderen zwei Drittel des Teiges vorsichtig die Füllung streichen. Bitte darauf achten, dass der Teig nicht reißt. Mit Hilfe des Tuches Masse und Teig zusammenrollen. Die Rolle vorsichtig auf ein mit Butter eingefettetes Blech heben und mit der restlichen flüssigen Butter bestreichen.
5. Im Ofen ca. 35–45 Minuten backen, bis sie eine schöne braune Kruste hat. Mit Puderzucker bestreuen. Möglichst warm servieren.

servier-tipp
Einfach zwei Kugeln Vanille-Eis auf den Teller geben, dazu ein Stück warme Apfelschlange sowie einen ordentlichen Klacks Schlagsahne – eine geradezu himmlische Kombination.

übrigens ...
Die besondere Form erhalten Sie bei diesem Lieblingsgericht der biblischen Urfrau, indem Sie den Strudel auf dem Blech vorsichtig in eine Schlangenlinie bringen, als Augen zwei Rosinen an einem Ende eindrücken und eine Walnusshälfte als »Nase« in die Mitte einfügen. Als rote Zunge können Sie eine zugespitzte Erdbeerhälfte an das vordere Ende legen.

Adams Knuspermus

Für 4 Personen

zutaten

8 große Äpfel (Braeburn oder Boskop)
100 g brauner Zucker
¼ l Portwein
2 Zimtstangen
1 Nelke
2 EL Zitronensaft

für die kruste

50 g Zucker
100 g gehackte Mandeln
100 ml Sahne
8 frische Feigen

Butter

zubereitung

1. Äpfel schälen, entkernen und in Würfel schneiden. Braunen Zucker in einem großen Topf karamelisieren lassen. Äpfel dazugeben, mit dem Portwein ablöschen und mit Zimtstangen, Nelke und Zitronensaft abschmecken. Kurz aufkochen lassen. Vom Herd nehmen.
2. Für die Kruste den Zucker karamelisieren, gehackte Mandeln dazugeben und mit Sahne ablöschen. Einkochen lassen. Feigen in Scheiben schneiden.

zum schluss

3. Gedünstete Äpfel in eine flache, mit Butter eingefettete Keramikform geben. Zimtstangen und Nelke entfernen. Mit den Feigen-Scheiben belegen. Die Mandel-Sahne-Masse darüber streichen. Im Backofen bei starker Oberhitze etwa 10 – 15 Minuten überbacken, bis die Oberfläche gut gebräunt ist. Etwas abkühlen lassen und lauwarm servieren.

servier-tipp

Frische Palatschinken auf den Teller geben, dazu das Mus – das ist nicht nur was für Männer…

Nach ihrer Vertreibung aus dem Garten Eden gebar Eva ihrem Manne Adam zwei Söhne: Kain und Abel. Kain wurde Ackerbauer, sein jüngerer Bruder Abel Schafhirt.

Nach geraumer Zeit brachte Kain dem Herrn ein Opfer von den Früchten des Feldes dar; auch Abel brachte eines dar von den Erstlingen seiner Herde und von ihrem Fett.

Der Herr blickte auf Abel und seine Opfergabe, aber auf Kain und sein Opfer sah er nicht.

Da ward Kain sehr zornig, und sein Angesicht verfinsterte sich ...

1. Buch moses, kapitel 3-4

Wir wissen, was folgte: Kain erachtete sich als schlechter denn Abel, lockte seinen vermeintlich besseren Bruder aufs Feld und erschlug ihn.

Wir alle wollen Gott gefallen. Doch Gott gefällt nur, was von Herzen kommt.

Von Herzen kam, was Abel darbrachte. Berechnend war, was Kain ihm bot. Abel gefiel es, Gott ein Opfer zu bringen. Kain dagegen brachte ein Opfer, um Gott zu gefallen.

»Meine Schuld ist zu groß, als dass ich sie tragen könnte«, bereute er seine Tat anschließend. Aber Gott wusste, dass immer nur Gottes Wille geschieht...

Hier möchten wir Kain mit Abel versöhnen und zu diesem Anlass ein Mahl kredenzen, in dem beider Opfergaben vereint sind: Abels bestes Stück vom Lamm und Kains Gemüseernte zusammen in einer herzhaften Suppe. Gewürzt mit Kräutern, die für ein göttliches Aroma sorgen.

15

Brüderliche Hirten-Suppe

Für 6 Personen

zutaten

5 Schalotten
3 Knoblauchzehen
12 schwarze Oliven ohne Stein
1 große Lammkeule (ca. 2 kg mit Knochen/
vom Metzger entfernen lassen)
4 Möhren
2 Kohlrabi
½ Kopf Wirsing
4 EL Olivenöl
Salz, Pfeffer
½ l Gemüsebrühe (Instant)
½ l kräftiger Rotwein (z. B. aus der Merlot-Traube)
Kräuterstrauß aus frischem Salbei, Thymian,
Rosmarin

zubereitung

1. Schalotten und Knoblauch abziehen und fein würfeln, Oliven vierteln. Lammkeule in Würfel (wie für Gulasch) schneiden.
2. Möhren und Kohlrabi schälen und würfeln. In reichlich Salzwasser ca. 5 Minuten kochen. Wirsing in Streifen schneiden.
3. In einer großen Kasserolle das Fleisch portionsweise in 2 EL Olivenöl anbraten, salzen und pfeffern. Fleisch herausnehmen.
4. Restliches Olivenöl in die Kasserolle geben, Schalotten- und Knoblauchwürfel hinzufügen und anschwitzen, bis sie leicht Farbe angenommen haben. Fleisch mit den Oliven dazugeben und kurz mitbraten lassen.
5. Backofen auf 175 Grad (Gas: Stufe 2) vorheizen. Das Fleisch mit der Gemüsebrühe und dem Rotwein aufgießen. Den Kräuterstrauß dazugeben und alles bedeckt im Backofen 1 ½ – 2 Stunden köcheln lassen.

zum schluss

6. Kasserolle aus dem Rohr nehmen, Wirsing und blanchiertes Gemüse dazugeben und umrühren. Nochmals 5 – 10 Minuten garen lassen. Heiß servieren.

servier-tipp

Als Beilage empfehlen wir frisches geröstetes dunkles Brot.

übrigens ...

Wer diesen herzhaften Eintopf etwas sämiger mag, kann kurz vor dem Servieren noch einen Becher Crème fraîche unterrühren.

Selbstverständlich können alle, die es gerne scharf mögen, noch Chilischoten unter den Eintopf mischen. Hätten die biblischen Hirten die roten Schoten damals schon gekannt, so wären sie mit Sicherheit mit in den Topf gekommen. Denn die Hüter-Vorliebe für scharfe Gerichte bewiesen später die Hirten-Kollegen aus Puszta und Pampa.

noahs vollrausch im biblischen alter

adam und Eva bekamen noch einmal einen Sohn. Eva sagte: »Gott hat mir wieder einen Sohn geschenkt! Der wird mir Abel ersetzen, den Kain erschlagen hat.« Sie nannte ihn Set.

Auch Set bekam einen Sohn und nannte ihn Enosch. Danach bekam er noch weitere Söhne und Töchter und starb im Alter von 930 Jahren. In der achten Generation nach Enosch schließlich ward Noah geboren, der dann im Alter von 500 Jahren die Söhne Sem, Ham und Jafet zeugte.

1. Buch Moses, Kapitel 4-5

Vielleicht wundern Sie sich, dass die Leute damals so alt wurden: Offenbar nahm Gott sich viel Zeit, bis er die Menschen in den Himmel holte. Hunderte von Jahren ließ er sie auf Erden schmoren. Aber anscheinend kam ihnen auch im biblischen Alter nicht nur Gutes in den Sinn. Jedenfalls erinnerte sich Gott eines Tages an seinen größten Irrtum: die Erschaffung des Menschen. Und befand: »Ich will die Menschen wieder ausrotten… Es wäre besser gewesen, wenn ich sie gar nicht erst geschaffen hätte …«

Nur an Noah und seiner Familie hatte der Herr Freude. Und so hieß er ihn an seinem 600. Geburtstag, die berühmte Arche zu bauen: »Mach sie 150 Meter lang, 25 Meter breit und 15 Meter hoch … Und nimm von allen Tieren ein Männchen und ein Weibchen mit, damit sie mit dir gerettet werden.«

Noah und die Seinen überlebten als Einzige und sind somit unsere eigentlichen Vorfahren. Überliefert ist auch, dass Noah der erste Winzer der Geschichte war: »Er wurde Ackerbauer und pflanzte einen Weinberg. Er trank von dem Wein, wurde davon betrunken und lag entblößt in seinem Zelt.«

Nicht überliefert ist, ob es sich dabei um einen lieblichen oder trockenen Wein gehandelt hat. Doch muss es ein höchst gesunder Tropfen gewesen sein und sicherlich nicht Noahs einziger Rausch, denn noch 350 Jahre lebte er danach, bevor er 950-jährig starb.

Ein guter Jahrgang, finden wir, und wollen auf unseren Vorfahr anstoßen. Mit drei Wein-Drinks, die man nach unseren Erkenntnissen durchaus auch zu Noahs Zeiten hätte mixen können. Servieren lassen wir sie von Noahs bacchantischem Barkeeper, der mit Sicherheit »Archie« geheißen hätte.

Archies Äppelwoi

Für 8 Drinks

zutaten

2 große Äpfel
2 EL Honig
¼ l Rotwein
2 cl Calvados
2 Flaschen Rosé-Wein
(z. B. Schilcher-Wein aus der Steiermark)

Eiswürfel
1 Apfel zum Garnieren

zubereitung

1. Äpfel schälen, entkernen und vierteln. Honig in einem großflächigen Topf erhitzen, Apfelviertel dazugeben, mit dem Rotwein ablöschen und 5 Minuten ziehen lassen. Vom Herd nehmen und mit dem Calvados beträufeln. Mindestens 3 Stunden ziehen lassen.

zum schluss

2. Je ein Apfelviertel und zwei Eiswürfel in ein Longdrink-Glas geben. Mit dem eisgekühlten Rosé aufgießen.
3. Zum Servieren an den Glasrand einen Apfelschnitz stecken.

Archies Apri'-Bellini

Für 8 Drinks

zutaten

1 Dose Aprikosen (Einwaage 250 g)
1 EL Honig
2 cl Marillenbrand (Aprikosenschnaps)
2 Flaschen Winzersekt

Eiswürfel
8 Minzblätter

zubereitung

1. Flüssigkeit aus der Aprikosen-Dose abgießen und auffangen. Die Fruchtstücke in einen Mixer geben. Zusammen mit 2 EL Aprikosen-Flüssigkeit, Honig und Marillenbrand pürieren.

zum schluss

2. Eiswürfel in Longdrink-Gläser geben. Je 2 EL Aprikosen-Püree dazugeben und das Glas mit Winzersekt vorsichtig auffüllen.
3. Mit einem Minzblatt dekorieren und mit Strohhalm servieren.

Archies Vino con fico

Für 8 Drinks

zutaten
8 geschälte Feigen aus der Dose
2 cl Grappa (milde Sorte)
8 große Minzblätter
2 Flaschen halbtrockener Mosel-Riesling

zubereitung
1. Flüssigkeit aus der Feigen-Dose abgießen und auf-fangen. Die Feigen in eine flache Form setzen. 2 EL Feigensaft mit dem Grappa vermischen und die Fei-gen damit beträufeln. Mindestens 3 Stunden ziehen lassen.

zum schluss
2. Die Minzblätter in einem Mörser etwas zerdrücken, damit sich ihr Aroma besser entfalten kann. In acht Longdrink-Gläser etwas zerdrückte Minze auf den Boden geben. Jeweils eine Feige darauf setzen. Nun mit eisgekühltem Riesling aufgießen.

trink-tipp
Beim letzten großen Schluck die Feige mit der Minze langsam kauen. Ein himmlisches Aroma!

VATER ABRAHAM BEWIRTET HIMMELSBOTEN

Noah hatte drei Söhne: Sem, Ham und Jafet. Deren Kinder wurden nach der großen Flut geboren. Somit sind alle Stämme und Völker, die sich nach der Sintflut über die Erde ausgebreitet haben, Nachkommen der Söhne Noahs. In der neunten Generation nach Sem ward Abraham geboren, der von Gott als Stammvater der Juden auserkoren war: »Sieh die Sterne am Himmel«, sagte Gott zu Abraham, »kannst du sie zählen? So unzählbar werden deine Nachkommen sein.«
Doch Abraham, der Sara zur Frau hatte, blieb bis zum 100. Lebensjahr kinderlos mit ihr. Und Sara war zu jener Zeit schon 90.

Kanaaniter von den Israeliten unterdrückt wurden, ja Knechtspfennung und Knechtslos bis auf den heutigen Tag den Nachkommen Hams anhaftet. Auch der Fluchespilant sich fort; daher die Missionare fragen: Wann ... Afrika von der Sünde Hams frei werden?

... und sprach weiter: Gelobt sei der HErr, der ... Sems, und Kanaan sei sein Knecht!

Röm. 9, 13.

Der HErr ist der Gott Sems. Diesem Geschlecht wird ... besondere Offenbarung Gottes zuteil.

Gott breite Japheth aus und *lasse ihn ...

Abraham hundert und seine Frau neunzig Jahre alt: Eigentlich kaum eine Chance für Sara, irgendwann noch mal guter Hoffnung zu sein. Aber Abraham war gottesfürchtig und glaubte an das Wunder. Als der Herr ihm mit zwei Engeln in Menschengestalt erschien und verkündete: »Nächstes Jahr um diese Zeit wird deine Frau einen Sohn haben…«, lud er die Himmelsboten in dankbarer Vorfreude zu einem göttlichen Mahl in sein Zelt.

»Eile, Sara«, wird er im 1. Buch Moses, Kapitel 18, als Küchenchef zitiert: »Nimm drei Maß Mehl, und zwar Weizengrieß, knete es und backe Fladen.« Dann, so heißt es weiter, ging Abraham zur Rinderherde und kümmerte sich um den Hauptgang: »Er suchte sich ein zartes und schönes Jungrind und hieß den Knecht, es schnell zuzubereiten. Danach holte er saure Sahne und Milch dazu …«

Die Kinder Japheths sind diese: Gomer, Magog, Madai, Javan, Thubal, Mesech und Thiras.
Gomer wird als Stammvater der Kimmerier oder ... Magog der Skythen, Madai der Meder, Javan der Griechen, Thubal und Mesech von Stämmen am ... warzen Meer, Thiras der Thrazier angesehen.

Aber die Kinder von Gomer sind diese: Askenas, Riphath und Thogarma.

Die Kinder von Javan sind diese: Elisa, Tharsis, die Chittiter und die Dodaniter.

Von diesen sind ausgebreitet die Inseln der Heiden in ihren Ländern, jegliche nach ihrer Sprachen, Geschlechtern und Leuten.   *Sach. 2, 15.*
Die Inseln im Mittelmeer wurden von Griechenland bevölkert.

Die Kinder von Ham sind diese: Chus, Mizraim, Put und Kanaan.
Chus sind die Äthiopier, Mizraim die Ägypter, Put die Bewohner von Mauretanien und Libyen, Kanaan die Kanaaniter.

Aber die Kinder von Chus sind diese: Seba, Havila, Sabtha, Ragma und Sabthecha. Aber die Kinder von Ragma sind diese: Saba und Dedan.

Chus aber zeugte den Nimrod. Der fing an, ein gewaltiger Herr zu sein auf Erden, und war ein gewaltiger Jäger vor dem Herrn. Daher spricht man: Das ist ein gewaltiger Jäger vor dem Herrn wie Nimrod.

aus Hams Geschlecht, der Gründer der großen Reiche und Städte am Euphrat und Tigris, eine sagenumwobene Gestalt, vielleicht der Izdubar (Gilgames) der chaldäischen Sage.

10. Und der Anfang seines Reichs war Babel, Erech, Assad und Chalne im Lande Sinear.

11. Von dem Land ist er gekommen nach Assur und baute *Ninive und Rehoboth-Ir und Kalah,
* Jona 1, 2.

12. dazu Resen zwischen Ninive und Kalah.

Jener, dem Sara ein Jahr später die Muttermilch gab, hieß Isaak. Und der bekam hernach mit Rebekka die Söhne Esau und Jakob. Womit auch schon eines der berühmtesten Gerichte der biblischen Geschichte angedeutet ist: Jakobs rote Linsen, die wir Ihnen im nächsten Kapitel mit marinierten Hähnchenkeulen servieren möchten.

Zunächst aber noch einmal zurück zu Abrahams Kalbsgericht: Was er den Engeln mit Milch und saurer Sahne vorsetzte, haben wir mit frischen biblischen Früchten aufs Köstlichste verfeinert.

Empfehlung: Unbedingt probieren, auch wenn Sie danach beichten müssen. Abrahams Melonen-Medaillons sind eine Sünde wert.

... den Arkiter, den Siniter, ... vaditer, den Zemariter und den Hamathiter. Daher sind ausgebreitet die Geschlechter der Kanaaniter.

19. Und ihre Grenzen waren von Sidon an durch Gerar bis gen Gaza, bis man kommt gen Sodom, Gomorra, Adama, Zeboim und bis gen Lasa.

20. Das sind die Kinder Hams in ihren Geschlechtern, Sprachen, Ländern und Leuten.

21. Sem aber, Japheths, des Ältern, Bruder, zeugte auch Kinder, der ein Vater ist aller Kinder von Eber.
R. 11, 10.
Auf die Söhne Ebers, die Hebräer, d. i. die von jenseits Herübergekommenen, kommt es bei der ganzen Völkertafel vor allem an, weil in ihrem Geschlecht sich der Segen Gottes fortpflanzte.

22. Und dies sind seine Kinder: Elam, Assur, Arphachsad, Lud und Aram.
Elam, von dem die Elamiter östlich von Babylonien, Assur, von dem die Assyrer, Arphachsad, von dem die Chaldäer, Lud, von dem die Lydier, Aram, von dem die Aramäer in Syrien und Mesopotamien stammen.

23. Die Kinder aber von Aram sind diese: Uz, Hul, Gether und Mas.

24. Arphachsad aber zeugte Salah, Salah zeugte Eber.

25. Eber zeugte zwei Söhne. Einer hieß Peleg, darum daß zu *seiner Zeit die Welt zerteilt ward; des Bruder hieß Joktan.
* R. 11, 8.
Mit dem Ausdruck: "die Welt (d. i. die Erdbevölkerung) ward zerteilt", ist auf die Kap. 11, 1—9 erzählte Sprach- und Völkerscheidung vorausgedeutet. Von Joktan stammen verschiedene arabische Stämme ab.

26. Und Joktan zeugte Almodad, Saleph, Hazarmaveth, Jarah,

27. Hadoram, Usal, Dikla ...

Melonen-Medaillons à la Abraham

Für 4 Personen

zutaten

80 g Pinienkerne
1 TL Olivenöl

für die sauce

2 Schalotten
150 g Schafskäse
2 EL Olivenöl
2 TL Mehl
100 ml Weißwein
100 ml Gemüsebrühe (Instant)
Saft von ½ Zitrone
Salz, weißer Pfeffer
100 g saure Sahne

800 g Kalbsfilet für 8 Medaillons
1 EL Olivenöl
Salz, Pfeffer
150 g Honigmelone
4 frische Feigen

vorbereitung

1. Pinienkerne mit Öl in einer beschichteten Pfanne anbräunen. Zur Seite stellen.

zubereitung

2. Für die Sauce Schalotten abziehen und klein schneiden. Schafskäse in kleine Würfel schneiden. In einer großen Pfanne das Öl erhitzen, die Schalotten anschwitzen, mit Mehl bestäuben und verrühren. Wein und Brühe angießen und aufkochen lassen. Dann Zitronensaft und Schafskäse dazugeben und mit einem Schneebesen kräftig umrühren, damit sich der Käse gut auflöst. (Sollte das nicht genügen, kann man die Sauce kurz im Mixer oder mit dem Pürierstab aufschlagen.) Mit Salz und weißem Pfeffer würzen und saure Sahne unterrühren. Sanft köcheln lassen.
3. Die Medaillons in einer zweiten Pfanne von beiden Seiten bei nicht zu starker Hitze in dem Öl kurz anbräunen. Salzen und pfeffern. In die Sauce geben und 6 – 8 Minuten bei niedriger Temperatur ziehen lassen.

zum schluss

4. Honigmelonen-Fleisch klein würfeln, 1 Minute vor dem Servieren in die Sauce geben und kurz unterrühren.
5. Die Medaillons auf den Teller legen, etwas Sauce angießen und mit den gerösteten Pinienkernen bestreuen. Mit frischen, in Scheiben geschnittenen Feigen anrichten.

servier-tipp

Dazu passen die gerösteten Pinien-Polenta-Schnitten von Seite 82.

Saras Milchbrot aus der Pfanne

Für 8 Stücke

zutaten

150 g Mehl
150 g Weizengrieß
20 g Hefe (½ Würfel)
ca. 125 ml lauwarme Milch
1 Prise Zucker
1 Prise Salz
9 EL Olivenöl

zubereitung

1. Mehl und Grieß in eine Schüssel geben und vermengen. In die Mitte eine Mulde drücken und in diese die zerbröckelte Hefe hineingeben. Mit ca. 3 EL lauwarmer Milch und einer Prise Zucker die Hefe zu einem kleinen Vorteig verrühren. Ca. 30 Minuten abgedeckt an einem warmen Ort gehen lassen.
2. Nach der ersten Ruhezeit die restliche lauwarme Milch, Salz und 1 EL Olivenöl dazugeben. Alles zu einem festen glatten Teig verkneten, der nicht mehr kleben darf. Zugedeckt an einem warmen Ort weitere 45 Minuten gehen lassen.
3. Den Teig aus der Schüssel nehmen und auf der Arbeitsfläche noch einmal gut durchkneten. Eine Rolle formen, in acht gleiche Stücke teilen, jedes zu einem Bällchen formen, auf ein Blech legen und noch einmal 20 Minuten gehen lassen.
4. Jedes Bällchen zu einem ca. 2 mm starken Fladen (Durchmesser 20 cm) ausrollen. Mit je 1 EL Olivenöl in einer heißen beschichteten Pfanne auf jeder Seite 2 – 3 Minuten braten. Auf Küchenkrepp etwas entfetten.

servier-tipp

Dieses Fladenbrot kann man auch als einfache, aber sehr schmackhafte Pizza servieren, wenn man es einfach mit etwas geriebenem Käse und Rucolablättchen bestreut.

übrigens ...

Wenn Sie für den Hefeteig ein warmes Plätzchen in Ihrer Küche suchen, hier ein Tipp: Schalten Sie den Backofen kurz auf 50 Grad und stellen Sie dann die abgedeckte Backschüssel in den Ofen, am besten bei leicht geöffneter Tür. So fühlt er sich - wohlig warm und es kann eigentlich nichts mehr schief gehen.

JAKOB LINKT ESAU MIT ROTEN LINSEN

Dies ist die Familiengeschichte Isaaks, des Sohnes Abrahams: Im Alter von vierzig Jahren nahm er sich Rebekka zur Frau ... Und Rebekka wurde guter Hoffnung. Die Tage kamen heran, da sie gebären sollte – es waren Zwillinge in ihrem Schoße. Der Erste, der hervorkam, war rötlich, ganz mit Haaren bedeckt wie ein Mantel. Man nannte ihn Esau. Danach kam sein Bruder; dessen Hand hielt die Ferse Esaus fest. Man nannte ihn Jakob. Die Knaben wuchsen heran. Esau war der Jagd kundig, ein Mann des freien Feldes; Jakob dagegen ein Mann, der bei den Zelten lebte. Isaak liebte den Esau, denn Wildbret schmeckte ihm gut. Rebekka dagegen liebte den Jakob ...

1. BUCH MOSES, KAPITEL 25

26

2. Und die Kinder stießen sich miteinander in ihrem Leibe. Da sprach sie: Da mir's also sollte [gehen], warum bin ich schwanger geworden? Und ging hin, ... zu fragen.

Rebekka kam in Verzweiflung, weil sie das Stoßen [der] Kinder für ein übles Vorzeichen ansah. Doch sucht sie ... und Beistand bei dem HErrn.

3 Und der HErr sprach zu ihr: Zwei Völker [sin]d in deinem Leibe, und zweierlei Leute werden...

Jakob ist offensichtlich von Anfang an mit allem ausgestattet, was Erbschleicher auszeichnet: mit List und der Lust zu intrigieren. Bereits bei der Geburt hängt er sich, wie wir gerade erfahren haben, an die Fersen seines Bruders Esau. Und wäre ihm gelungen, was wir ihm im Nachhinein als Absicht unterstellen, nämlich sich im Mutterleib an Esau vorbeizuhangeln, um als Erster das Erdenlicht zu erblicken: Die Welt hätte nie von zwei Gerichten erfahren, die zu den bekanntesten der Bibel gehören — von Jakobs roten Linsen, mit denen er Esau um seine Rechte als Erstgeborener brachte, und von seinem falschen Wildbret, mit dem er später Vater Isaak täuschte.

Verziehen sei Jakob, wodurch er Alleinerbe wurde und den Segen des erblindeten Papas erschlich. Hier soll nur zählen, was er durch seine Intrigen zum Wohle der Feinschmecker tat.

---

7. ... ein Jäger ... Felde, Jakob [ab]er ein sanfter Mann und blieb in den Hütten.

8. Und Isaak hatte Esau lieb und aß gern von seinem Weidwerk; Rebekka aber hatte Jakob lieb.

Die Vorliebe des stillen Isaak für den wilden Esau und der energischen Rebekka für den sanften Jakob ist begreiflich, hatte aber einen fleischlichen Grund und schlimme Folgen für das Verhältnis der Kinder untereinander und zu den Eltern.

Esau verkauft seine Erstgeburt.

9. Und Jakob kochte ein Gericht. Da kam Esau vom Felde und war müde

10. und sprach zu Jakob: Laß mich kosten das rote Gericht; denn ich bin müde. Daher heißt er Edom.

»Laß mich schlingen von dem Roten, von dem Roten.« Dies Wort, das Esau in der Gier zweimal ausspricht, bleb an ihm haften. Er hieß: der Rote, Edom.

31. Aber Jakob sprach: Verkaufe mir heute deine Erstgeburt.

Jakob benützt des Bruders Schwäche und Gier, um seinen Vorteil herauszuschlagen. Das Erstgeburtsrecht ist die Stellung als Haupt der Familie und Träger der Verheißung.

32. Esau antwortete: Siehe, ich muß doch sterben; was soll mir denn die Erstgeburt?

Der Genuß des Augenblicks hat Esaus Sinn so geblendet, daß er das bleibende Gut darum verscherzt.

33. Jakob sprach: So schwöre mir heute. Und er schwur ihm und *verkaufte also Jakob seine Erstgeburt.
* 1.M. 27, 36; Hebr. 12, 16.

Jakob handelt wie ein geriebener Geschäftsmann, der die schwachen Augenblick des andern ausnützt, um den Vertrag festzumachen, — der echte Schacherjude.

34. Da gab ihm Jakob Brot und das Linsen[gericht]...

Esau war ein wilder, oberflächlicher Mensch, ohne Sinn für die Verheißung, die in seinem Vaterhause als köstlichstes Kleinod geehrt wurde. Jakobs Verlangen ging wohl auf diese Verheißung; aber er suchte sie durch Hinterlist und Verschlagenheit an sich zu reißen. So war Esau freilich unfähig zum Träger der Verheißung; aber auch Jakob mußte erst durch schwere Züchtigungen zu einem Gott wohlgefälligen Manne erzogen werden.

Das 26. Kapitel.

Isaak in Gerar. Verheißung des HErrn.

In unserem Rezept haben wir Jakobs Linsen mit marinierten Hähnchenkeulen angereichert — was durchaus vertretbar ist, denn Geflügel gab es zu fast allen biblischen Zeiten. Dafür lieferte spätestens Petrus den Beweis, als er Jesus dreimal verleugnete, »... bevor der Hahn krähte«.

Und dass die Linsen von roter Farbe waren, entnehmen wir einem Zitat aus dem 1. Buch Moses, Kapitel 25, Vers 30, wo die Geschichte der Brüder beschrieben wird: »Gib mir schnell etwas von dem roten Gericht«, rief Esau, »ich bin ganz erschöpft ...«

Von uns bekommen Sie es ohne Hintergedanken serviert.

Wir wünschen guten Appetit!

---

3. Sei ein ... ing in diesem Lande, und ich will ...
... Samen will ich viele Länder geben [und will] meinen † Eid bestätigen, den ich deinem Abraham geschworen habe. * 1.M.13,7. †1.M.22,16.

4. und will deinem Samen *mehren wie die Sterne am Himmel und will deinem Samen alle diese Länder geben. Und †durch deinen Samen sollen alle Völker auf Erden gesegnet werden,
* 1.M.15,5. † 1.M.12,3.

Der Segen Abrahams wird ausdrücklich auf Isaak übertragen, so daß er nun der besonderen Leitung und Führung Gottes versichert sein darf.

5. darum daß Abraham meiner Stimme gehorsam gewesen ist und hat gehalten meine Rechte, meine Gebote, meine Weise und mein Gesetz.

6. Also wohnte Isaak zu Gerar.

Rebekka wird vor Abimelech bewahrt.

7. Und wenn die Leute an demselben Ort fragten nach seinem Weibe, so sprach er: Sie ist meine Schwester. Denn er fürchtete sich zu sagen: Sie ist mein Weib; sie möchten mich erwürgen um Rebekkas willen; denn sie war schön von Angesicht.

Aus Furcht und Glaubensschwäche fällt Isaak in denselben Fehler wie Abraham, sein Weib zu verleugnen.

8. Als er nun eine Zeitlang da war, sah Abimelech, der Philister König, durchs Fenster und ward gewahr, daß Isaak *scherzte mit seinem Weibe Rebekka.
* Spr. 5, 18.

9. Da rief Abimelech den Isaak und sprach: Siehe, es ist dein Weib. Wie hast du denn gesagt: Sie ist meine Schwester? Isaak antwortete ihm: Ich gedachte, ich möchte vielleicht sterben müssen um ihretwillen.

Vgl. Kap. 12, 19; 20, 10.

10. Abimelech sprach: Warum hast du denn uns das getan? Es wäre leicht geschehen, daß jemand vom Volk sich zu deinem Weibe gelegt hätte, und...

Jakobs rote Linsen für Esau

Für 4 Personen

zutaten

4 Hähnchenkeulen

für die marinade

1 säuerlicher Apfel
1 Zweig Rosmarin
3 Zweige Thymian
200 g Magermilch-Joghurt
100 g Rosinen
2 EL Weißweinessig
Salz, Pfeffer aus dem Mörser

für die Linsen

250 g rote Linsen
1 TL Salz
1 Bund Frühlingszwiebeln
1 Selleriestange
4 Datteln
4 EL Olivenöl
Salz, Pfeffer
2 EL Essig
2 EL Tomatenmark
2 TL süßes Paprikapulver
1 Tasse Hühnerbrühe (Instant)
2 EL saure Sahne

übrigens ...

Pfeffer aus dem Mörser entwickelt ein besonderes Aroma. Beim Mahlen in der klassischen Pfeffermühle werden die ätherischen Öle nicht genügend freigesetzt.
Wer das Gericht sehr scharf mag, kann natürlich anstatt des milden Rosenpaprikas auch gemahlenen Cayennepfeffer nehmen.

vorbereitung

1. Die Hähnchenkeulen waschen und häuten. Die kleinen Unterschenkel abtrennen, sodass insgesamt 8 Teile entstehen.
2. Apfel schälen, entkernen und klein würfeln. Rosmarinnadeln und Thymianblättchen von den Zweigen zupfen. Zusammen mit allen anderen Zutaten in einer Schüssel zu einer Marinade verrühren. Die Hühnerteile in eine Form geben, die Marinade darüber streichen und gut einmassieren. Über Nacht abgedeckt in den Kühlschrank stellen.

zubereitung

3. Am nächsten Tag die Form mit den Hühnerteilen zugedeckt im Ofen bei ca. 220 Grad (Gas: Stufe 4) ca. 35 Minuten garen.
4. Sobald das Hähnchen im Ofen ist, die Linsen in Salzwasser ca. 8 Minuten weich kochen. Abgießen und mit kaltem Wasser abschrecken.
5. Frühlingszwiebeln in feine Ringe schneiden, Selleriestange und Datteln klein würfeln. In einem großen Topf das Olivenöl erhitzen, Frühlingszwiebeln, Sellerie und Datteln hinzufügen und ca. 8 Minuten schmoren lassen. Abgekochte Linsen dazugeben und mit Salz, Pfeffer, Essig, Tomatenmark und Paprikapulver abschmecken. Mit der Brühe aufgießen, ganz kurz aufkochen lassen und dann die Hitze auf Minimum reduzieren. Die Linsen brauchen nun nur noch warm gehalten zu werden.

zum schluss

6. Zuerst die saure Sahne unter die rote Linsenmischung geben und umrühren. Dann die Hühnerteile dazulegen. Bei geschlossenem Deckel ca. 8 Minuten durchziehen lassen.

servier-tipp

Eine ideale Beilage für dieses Gericht ist das Milchbrot von Seite 25.

Vater Isaak war alt geworden und seine Augen waren erloschen, sodass sie nicht mehr sehen konnten. Da rief er seinen älteren Sohn Esau und sprach zu ihm: »Mein Sohn ... ich weiß nicht, wann ich sterben werde. Nimm also dein Jagdgerät, deinen Köcher und deinen Bogen! Geh hinaus in die Steppe und erjage mir ein Wildbret. Dann bereite mir einen Leckerbissen, wie ich ihn gern habe, und bringe ihn mir! Ich will essen und dich dann segnen, bevor ich sterbe.« Rebekka aber hatte zugehört, während Isaak sprach ...

1. Buch moses, kapitel 27

Rebekkas Lauschangriff hatte historische Folgen. Nicht Esau, so beschloss sie, sollte den Segen des Vaters erhalten, sondern ihr Lieblingssohn Jakob.

»Höre, Jakob«, so wird sie im 1. Buch Moses, Kapitel 27, zitiert, »gehe hin zum Kleinvieh und suche mir ein schönes Ziegenböcklein aus. Ich will es zu einem Leckerbissen bereiten für deinen Vater – wie er es gerne hat. Bringe es dann zu ihm! Er wird davon essen, um dich statt deines Bruders vor seinem Tod zu segnen ...«

Was folgt, mag zwar verwerflich sein, weist Rebekka aber auch als Spitzenköchin aus: Es gelingt ihr, das Zicklein so zu würzen, dass Isaak es für Wildbret hält und Jakob mit seinem Erstgeborenen Esau verwechselt. »Raffiniert gewürzt«, sagt man deshalb wahrscheinlich heute noch.

Als Esau mit seinem Damhirsch heimkehrt, hat der Vater das Zicklein von Jakob jedenfalls längst verzehrt und den Zwillingsbruder gesegnet.

Soweit die Bibel. In unserer Bibel-Küche jedoch geben wir Esaus echtem Wildbret den Vorzug. Und möchten Ihnen servieren, was seinem blinden Vater Isaak entgangen ist: ein Hirschgulasch voller Würze.

Unser Tipp: Augen schließen und genießen ...

Esaus Hirschgulasch

Für 6 Personen

zutaten

1,5 kg Damhirsch-Schulter (ohne Knochen)
2 Möhren
2 Selleriestangen
3 Zwiebeln
2 Knoblauchzehen
300 g getrocknete Steinpilze
1 TL Zimt
¾ l Rotwein
3 EL Olivenöl
8 Wacholderbeeren
1 Kräuterstrauß (Lorbeerblatt, Thymian, Rosmarin, Oregano)
Salz, Pfeffer
200 ml Schlagsahne

zubereitung

1. Das Hirschfleisch in Würfel (ca. 2 x 2 cm) schneiden. Geschälte Möhren und Selleriestange in feine Scheiben schneiden. Zwiebeln und Knoblauch abziehen und klein würfeln. Die Steinpilze einweichen. 2 EL der Zwiebelwürfel für die Pilze zur Seite stellen. Zimt in den Rotwein rühren.

2. In einem großen Topf 2 EL Öl erhitzen. Fleisch portionsweise rundherum gut anbraten und herausnehmen. Zwiebeln, Knoblauch, Möhren und Sellerie im Bratfett Farbe nehmen lassen. Mit der Rotwein-Zimt-Mischung ablöschen. Wacholderbeeren, Kräuterstrauß, Salz, Pfeffer und die Fleischwürfel dazugeben, umrühren und bei geringer Hitze 2 ½ Stunden schmoren lassen.

zum schluss

3. Eingemachte Steinpilze in ein Sieb geben und gut abtropfen lassen. In einer Pfanne die beiseite gestellten 2 EL Zwiebeln in dem restlichen Öl andünsten, Steinpilze dazugeben, alles leicht Farbe nehmen lassen und würzen.

4. Aus dem Topf den Kräuterstrauß entfernen. Sahne dazugeben, kurz umrühren und sanft köcheln lassen. Pilz-Zwiebel-Mischung dazugeben, nochmals mit Salz, Pfeffer und Zucker abschmecken.

servier-tipp

Als Beilage empfehlen wir Spätzle und einen mit Walnüssen veredelten grünen Salat.

übrigens ...

Selbstverständlich kann man dieses Rezept ebenso mit Rehfleisch oder auch mit Zicklein zubereiten. Und wer den Zimtgeschmack verstärken will, braucht nur die Menge entsprechend zu erhöhen.

Josefs weiter weg zur pharao-pizza

Jakob hat zwar den väterlichen Segen, muss aber zunächst vor seinem Bruder Esau nach Mesopotamien fliehen. Im Exil heiratet er, kehrt als reicher Mann zurück und versöhnt sich mit Esau. Jakob bekommt zwölf Söhne, von denen Josef, der Träume deuten kann, sein Lieblingssohn ist. Wegen seiner Sonderstellung wird Josef von seinen Brüdern gehasst. Um ihn loszuwerden, verkaufen sie ihn als Sklaven nach Ägypten, wo er als Diener Potifars – des Befehlshabers der königlichen Leibgarde – im Palast des Pharaos landet. Doch die Gemahlin Potifars, die Josef nachstellt und von ihm abgewiesen wird, verleumdet ihn aus verletzter Eitelkeit. Der Sklave, so berichtet sie der Leibwache, habe sie zu vergewaltigen versucht. Josef kommt ins Gefängnis: »... aber zu hadern vermochte er nicht mit seinem Schicksal, denn er vertraute Gott!«

1. Buch moses, kapitel 27-39

ren geziert. Thamar wählte also Pländer, aus denen
nach klar zu erkennen war, wem sie gehörten.

Und sie machte sich auf und ging hin und
den Mantel ab und zog ihre Witwenkleider
er an.

Juda aber sandte den Ziegenbock durch seinen
und von Adullam, daß er das Pfand wieder
e von dem Weibe; und er fand sie nicht.

Da fragte er die Leute des Orts und sprach:

2. Und der HErr war mit Joseph, daß er ein
glücklicher Mann ward; und er war in seines
Herrn, des Ägypters, Hause.

Auch im fremden, heidnischen Land hielt sich Joseph
an den Gott seines Vaters. So konnte der HErr Segen
auf sein Tun legen und gelingen lassen, was er vornahm.

3. Und sein Herr sah, daß der HErr mit ihm
war; denn alles, was er tat, dazu gab der HErr
Glück durch ihn.

Positives Denken nennt man so was heute. Und an
diesem Josef sollten wir uns ein Beispiel nehmen,
denn offenbar akzeptierte er jede Situation. Sagte sich
einfach: »Wer weiß, wofür es gut ist?«

Von seinen neidischen Brüdern als Sklave verkauft,
von einer abgewiesenen Frau aus Frust verleumdet
und dann im Kerker aufs Schärfste bewacht: Josef
verzweifelte nicht, weil er an Gott nicht zweifelte.
Und es wendete sich alles zum Guten …

Zwei Jahre nach Josefs Festnahme hatte der Pharao
einen Traum: »Er stand am Nil. Aus dem Flusse stiegen sieben schön aussehende Kühe und weideten im
Riedgras. Nach ihnen stiegen aber aus dem Nil sieben
schlecht aussehende und magere Kühe. Sie traten
neben die Kühe, die schon am Nilufer standen. Dann
fraßen die schlecht aussehenden und mageren die
schön aussehenden und fetten Tiere. Hierauf erwach-
te der Pharao und sein Geist ward ruhelos hin- und
hergetrieben.«

Josef wird aus dem Gefängnis geholt, um den
Traum zu deuten. Seine Prophezeiung: sieben Jahre
Hungersnot nach sieben Jahren Überfluss. Sein Vorschlag: in den guten Jahren Vorräte für die schlechten
Jahre anzulegen. Aus Dankbarkeit macht der Pharao
ihn zum Getreidemanager und zweiten Mann Ägyp-
tens.

Vom Sklaven zum Vize-Pharao — so weit kann man
es mit positivem Denken bringen. Warum es also
nicht einmal selbst versuchen?

Wenn Sie beispielsweise Freunde einladen möchten, ihnen etwas Besonderes bieten wollen, aber nicht
so recht wissen, was: Da können Sie sich blind auf
unsere Pharao-Pizza verlassen, die wir Ihnen auf der
nächsten Seite servieren. Sie schmeckt vorzüglich zu
trockenem Weißwein, mit dem Sie dann auch gleich
auf die alten Ägypter anstoßen können.

h sprach: Sie ist gerechter
ich; denn ich habe sie nicht gegeben meinem
hn Sela. Doch erkannte er sie fürder nicht mehr.

Das erste edle Wort Juda's. Er erkennt, bekennt und
ut seine Sünde. Von da an gab es einen Umschwung
uda's Leben.

Und da sie gebären sollte, wurden Zwillinge
hrem Leibe gefunden.

Durch die schwere Nöte der Geburt, die Thamar
machen mußte, hat der Herr auch zu ihr geredet, um
ur Buße zu führen.

Und als sie jetzt gebar, tat sich eine Hand
aus. Da nahm die Wehmutter einen roten
den und band ihn darum und sprach: Der wird
st herauskommen.

Da aber der seine Hand wieder hineinzog,
sein Bruder heraus, und sie sprach: Warum
du um deinetwillen solchen Riß gerissen? Und
n hieß ihn Perez.   Matth. 1, 3.

Perez war der Stammvater Davids und somit auch
isti. So tief ist der Sohn Gottes in die Sünde der
schheit hineinverflochten, daß unter seinen Vorfahren
e Sünden vorkamen. Er aber schämt sich nicht, sie
er zu heißen (Hebr. 2, 11).

Darnach kam sein Bruder heraus, der den
Faden um seine Hand hatte. Und man hieß
Serah.

Das 39. Kapitel.

Josephs Dienst bei Potiphar.

Joseph ward hinab nach Ägypten geführt;
Potiphar, ein ägyptischer Mann, des Pharao

Josephs Keuschheit.

7. Und es begab sich nach dieser Geschichte, daß
seines Herrn Weib ihre Augen auf Joseph warf
und sprach: Schlafe bei mir!   Spr. 5, 8.

Nach den äußerlich glücklichen Tagen nahte eine heiße
Versuchung. Die Art, wie sie Joseph bestanden hat, zeigt,
daß er auch im Glück vor Gottes Augen wandelte.

8. Er weigerte sich aber und sprach zu ihr:
Siehe, mein Herr nimmt sich keines Dinges an
vor mir, was im Hause ist, und alles, was er hat,
das hat er unter meine Hände getan,

9. und hat nichts so Großes in dem Hause, das
er vor mir verbohlen habe, außer dir, indem du
sein Weib bist. Wie sollte ich denn nun ein
solch groß Übel tun und wider Gott sündigen?
   2. Mose 20, 14.

Es wäre nicht bloß ein schnöder Bruch des Vertrauens,
das ihm sein Herr schenkte, sondern vor allem eine Sünde
wider den allsehenden Gott. Die Furcht Gottes hat
Joseph in der Stunde der Versuchung fest gemacht.

10. Und sie trieb solche Worte gegen Joseph
täglich. Aber er gehorchte ihr nicht, daß er nahe
bei ihr schliefe noch um sie wäre.

Die beständigen Lockungen waren nicht weniger ge-
fährlich als der erste Antrag. Aber Joseph beobachtete
Wachsamkeit und Vorsicht.

11. Es begab sich eines Tages, daß Joseph in
das Haus ging, sein Geschäft zu tun, und war kein
Mensch vom Gesinde des Hauses dabei.

12. Und sie erwischte ihn bei seinem Kleid und
sprach: Schlafe bei mir! Aber er ließ das Kleid
in ihrer Hand und floh und lief zum Hause hinaus.

In der schwersten Versuchung bleibt nur die Flucht
als Ausweg. Damit war Joseph dem Netz für immer ent-

Pharao-Pizza

Für 12 Stücke / 1 Backblech

Zutaten

Für den Teig

300 g Mehl
20 g Hefe (½ Würfel)
200 ml lauwarmes Wasser
1 Prise Zucker
½ TL Salz
1 EL Olivenöl

Für den Belag

1 Sellerieknolle
1 l Gemüsebrühe (Instant)
2 mittelgroße Zwiebeln
2 EL Olivenöl
⅛ l Weißwein
2 Knoblauchzehen
200 g saure Sahne
50 g Pinienkerne
1 Bund Frühlingszwiebeln (nur das Grün)
4 Kugeln Mozzarella (à 125 g)

Öl fürs Backblech

Zubereitung des Teiges

1. Mehl in eine Schüssel geben und eine Mulde in die Mitte drücken. Hefe hineinbröseln, mit etwas lauwarmem Wasser und dem Zucker zu einem kleinen Vorteig verrühren. Ca. 20 Minuten abgedeckt gehen lassen. Danach Salz, restliches Wasser und Öl dazugeben und alles zu einem festen Teig kneten, der sich gut vom Schüsselrand löst. An einem warmen Ort 30–40 Minuten gehen lassen. Dann nochmals durchkneten und erneut ca. 20 Minuten gehen lassen.

Zubereitung des Belages

2. Die Sellerieknolle großzügig schälen und in kleine Würfel schneiden. Gemüsebrühe erhitzen, Sellerie-

würfel hineingeben und weich kochen. Dann die Würfel herausnehmen und beiseite stellen.

3. In der Zwischenzeit die Zwiebeln abziehen und in feine Ringe schneiden. Öl in einer Pfanne erhitzen und die Zwiebelringe bei niedriger Hitze schmoren, bis sie leicht braun werden. Mit dem Weißwein aufgießen und so lange köcheln lassen, bis die Flüssigkeit verdampft ist. Knoblauchzehen schälen, zu den Zwiebeln pressen und unterrühren.

4. Selleriewürfel zu einem Mus stampfen, gedünstete Zwiebeln dazugeben und alles erkalten lassen. Dann erst die saure Sahne dazugeben und einrühren.

5. Pinienkerne in einer beschichteten Pfanne leicht bräunen. Das Grün der Frühlingszwiebeln in kleine Röllchen schneiden. Mozzarella in dünne Scheiben schneiden.

Zum Schluss

6. Backofen auf 250 Grad (Gas: Stufe 5) vorheizen. Backblech gut einölen. Teig zu einer Platte ausrollen, die etwas größer als das Backblech ist. Teig auf das Blech legen, eventuell überstehende Ränder wegschneiden. Sellerie-Zwiebel-Mischung darauf verteilen. Frühlingszwiebel-Ringe darüber streuen. Mit den Mozzarella-Scheiben belegen und den angerösteten Pinienkernen bestreuen.

7. Im Ofen 20–30 Minuten knusprig braun backen. Heiß servieren.

Übrigens ...

Statt Mozzarella kann man auch Schafskäse nehmen, der allerdings nicht so gut zerfließt.

Auch eine Calzone-Variante ist denkbar. Dafür formen Sie aus dem Teig zwei runde große Fladen, legen je eine Hälfte der Belagzutaten in die Mitte, bestreichen die Ränder mit Wasser, klappen die Teighälften zusammen, drücken die Ränder fest an und bepinseln die zwei geschlossenen Pizzen mit Olivenöl. Dann in den Ofen und ca. 40 Minuten goldbraun backen. Vor dem Servieren etwas abkühlen lassen.

moses und das passah-lamm

W ie vorausgesagt, ließ Gott erst alles im Überfluss gedeihen, um danach die Hungersnot zu schicken. Während der sieben fetten Jahre speicherte Josef Getreide in großer Menge auf, wie Sand am Meer, bis man aufhören musste, es zu messen, weil man es nicht mehr messen konnte ... Die Jahre des Überflusses gingen zu Ende und es folgten die sieben mageren: Über alle Länder brach die Hungersnot herein, in ganz Ägypten aber gab es Brot... Alle Welt kam, um bei Josef Getreide zu kaufen; denn der Hunger wurde immer bedrückender auf der Erde.«

1. buch moses, kapitel 41

Auch Josefs Brüder, die ihn einst als Sklaven verkauften, kamen zum Getreide-Shopping nach Ägypten. Josef verzieh ihnen und der Pharao lud seine Familie ein, nach Ägypten umzuziehen: »Lasst alles stehen und liegen. Denn das Beste, was ganz Ägypten bietet, soll euch gehören.«

So kamen durch Josef die Israeliten nach Ägypten. Von Moses wurden sie 400 Jahre später wieder aus Ägypten herausgeführt: »… denn die Israeliten waren nurmehr Leibeigene der Ägypter, zu schwersten Arbeiten verurteilt und misshandelt – unter den Gesetzen eines neuen Pharaos, dem Gott ein Herz aus Stein gegeben hatte.«

Nicht sehr praktisch von Gott, das mit dem Herzen aus Stein. Denn gleichzeitig ermunterte er Moses, »das Herz des Pharaos zu erweichen, damit der ihn mit seinem Volke ziehen lasse …«

Doch vielleicht soll uns das Beispiel auch nur zeigen, dass selbst einer mit steinernem Herzen am Ende vor Gott in die Knie gehen muss.

Moses gelang es nicht, das Herz des Pharaos zu erweichen. Also griff Gott selbst ein und schickte die berühmten zehn Plagen über das Volk der Ägypter: »Das Wasser des Nils wurde zu Blut, der Fluss wimmelte vor Fröschen, die in Häuser, Schlafgemächer und Backöfen drangen, alle Staubkörner in Ägypten verwandelten sich in Stechmücken, Schwärme von Ungeziefer nisteten im Palast, Tier- und Menschenseuchen brachen aus, Flachs und Gerste wurden von Hagel erschlagen, Heuschrecken bevölkerten das Land und Finsternis machte die Tage zu Nächten. Aber der Pharao blieb hartnäckig und sein Wille unbeugsam.«

So ist er eben, der so genannte freie Wille des Menschen: unbeugsam, stur, arrogant. Und offenbar so dumm, dass Gott uns darunter leiden lässt, bis wir aufgeben und sagen: »Dein Wille geschehe!«

Erst nach der zehnten Plage gab sich der Pharao geschlagen und ließ Moses mit den Seinen ziehen. Ein »Würgeengel« – vom Herrn gesandt – hatte alle Erstgeborenen in Ägypten getötet und nur die Israeliten verschont.

Das Nachgeben des Pharaos feiern die Juden heute noch mit einem Gericht, das uns das Wasser im Munde zusammenlaufen lässt: mit dem Passah-Lamm, zum Gedenken an die Befreiung ihres Volkes aus Ägypten. Wir haben das klassische Fleischgericht mit einer biblischen Frucht vereinigt, die Sie bereits aus der Schöpfungsgeschichte kennen: mit dem Apfel.

Göttliches Passah-Lamm mit Äpfeln

Für 4-6 Personen

zutaten

2 EL Honig
Salz, Pfeffer
Saft von ½ Zitrone
1 Lammkeule (1,5 – 1,8 kg mit Knochen)
3 säuerliche Äpfel (Boskop)
1 weiße (milde) Zwiebel
1 Knoblauchzehe
3 EL Olivenöl
½ l Cidre (Apfelwein)
3 Zweige Thymian
1 kräftige Prise gemahlener Koriander
1 cl Calvados

vorbereitung

1. Aus Honig, Salz, Pfeffer und Zitronensaft eine Marinade anrühren. Diese rundherum in die Lammkeule einmassieren. Das Fleisch für ca. 2 Stunden in den Kühlschrank stellen.

zubereitung

2. Äpfel schälen, entkernen und in kleine Würfel schneiden. Zwiebel und Knoblauchzehe abziehen und grob würfeln.
3. Die Lammkeule in einem großen Bräter rundherum in dem Olivenöl gut anbraten. Zwiebel- und Knoblauchwürfel dazugeben und mitbraten lassen.
4. Klein geschnittene Äpfel hinzugeben, mit dem Cidre angießen und aufkochen lassen. Mit Thymianzweigen, Koriander, Salz und Pfeffer würzen. Zudecken und in den auf 160 Grad (Gas: Stufe 2) vorgeheizten Backofen geben. Ca. 1½ Stunden schmoren lassen.

zum schluss

5. Lammkeule aus dem Bräter nehmen. Sauce durch ein feines Sieb passieren. In einem Topf mit dem Calvados ca. 5 Minuten einkochen lassen, damit sich das Aroma voll entfalten kann. Nochmals mit Salz und Pfeffer abschmecken.

servier-tipp

Fleischportionen von der Keule abschneiden (geht am besten mit einem Elektromesser), auf den Tellern anrichten und zusammen mit den gerösteten Pinien-Polenta-Schnitten (Seite 82) servieren.

übrigens ...

Machen Sie beim Schmoren von großen Fleischstücken wie z. B. Keulen immer den Druck-Test. Ideal ist, wenn das Fleisch beim Daumendruck ganz sanft nachgibt. Dann ist es durchgebraten und doch saftig.

Wer eine besonders sämige Sauce möchte, kann unter die fertig eingekochte Sauce noch einige Würfel kalte Butter schlagen.

von wachteln und süßem manna

Die Zeit nach der Befreiung durch Moses wurde für die Israeliten natürlich nicht leicht. Sie waren ja nun auf sich gestellt und in der Wüste. Sechshunderttausend Männer und ihre Familien. Aus dem Mehl, das sie aus Ägypten mitgebracht hatten, backten sie ungesäuerte Brotfladen. Das Vieh, das sie begleitete, rührten sie nicht an, denn es half, ihre Lasten zu tragen, und lieferte Milch ...

Es war der fünfzehnte Tag des zweiten Monats nach ihrem Auszug aus Ägypten, als die ganze Gemeinde der Israeliten in der Wüste Sin gegen Moses und seinen Bruder Aaron murrte: »Wären wir doch in Ägypten geblieben und durch die Hand des Herrn gestorben, als wir an den Fleischtöpfen saßen und Brot genug zu essen hatten. Stattdessen müssen wir nun in der Wüste an Hunger sterben.«

2. Buch Moses, Kapitel 13-16

Mannomanna! Schluss mit beten, Leute! Holt die Pfannen!

Der Durchgang durch das Meer fand vielleicht in der ... von Sues statt. Der Ostwind, der sich auf Gottes ... erhob, bahnte eine breite Gasse, durch die Israel ... Nacht hindurchziehen konnte.

2. Und die Kinder Israel gingen hinein, mitten ... Meer auf dem Trockenen; und das Wasser war ... für Mauern zur Rechten und zur Linken.

3. Und die Ägypter folgten und gingen hinein ...

Wenn's am Essen fehlt, wird auch dem Vertrauen die Nahrung entzogen. Acht Wochen nach ihrem Auszug aus Ägypten jedenfalls begannen die Menschen mit Gott zu hadern. Und offenbar streute die Erinnerung ihnen dabei Wüstensand in die Augen; denn nur noch an den Duft köstlicher Speisen in Ägypten erinnerten sie sich. Und nicht länger an die Leiden, die sie als Sklaven dort erdulden mussten.

»Wenn es deinen Gott wirklich gibt, warum zeigt er sich jetzt nicht?«, so fragten die Israeliten Moses.

»Wenn es Gott wirklich gibt, warum zeigt er sich dann nie?«, so fragten die Zweifelnden schon zu allen Zeiten und fragen es noch immer. Die Antwort derer, die vertrauen, sollte lauten: »Ist euch schon einmal aufgefallen, dass alles, was euch leben lässt, unsichtbar ist? Die Luft, euer Atem, eure Gedanken, eure Gefühle …?«

Nur Moses vertraute Gott, doch Gottes Vertrauen war auch mit den Zweifelnden.

»Ich habe das Murren der Israeliten gehört«, sprach der Herr, »sag ihnen: Am Abend werdet Ihr Fleisch zu essen haben und am Morgen werdet Ihr satt sein von Brot …«

9. Aber die Kinder Israel gingen trocken mitten ... Meer; und *das Wasser war ihnen für Mauern zur Rechten und zur Linken. * V. 22.

10. Also half der HErr Israel an dem Tage von ... Ägypter Hand. Und sie sahen die Ägypter tot ... Ufer des Meeres

Sturm und Wellen spülten die Leichname ans Ufer.

11. und die große Hand, die der HErr an den ... Ägyptern erzeigt hatte. Und das Volk fürchtete ... HErrn, und sie glaubten ihm und * seinem ... Knecht Mose. * 2. 19, 9; 2. Chron. 20, 20.

Diese wunderbare Errettung aus größter Not erweckte ... Gottes und Vertrauen auf ihn; aber die Über... daß Mose wahrhaftig Gottes Knecht und das ... seiner allmächtigen Führung sei.

Das 15. Kapitel.

Mose's Lobgesang.

1. Da *sang Mose und die Kinder Israel dies ... dem HErrn und sprachen: Ich will dem HErrn ..., denn er hat eine herrliche Tat getan; Roß ... Mann hat er ins Meer gestürzt. * Offenb. 15, 3.

Die Rettungstat des HErrn findet ihren Widerhall in ... Siegeslied Mose's, das durch die ganze Schrift bis ...

Dann folgen 8 Strophen (2—5, 6—10, 11—17), die je mit einer Anrufung des HErrn beginnen.

2. Der * HErr ist meine Stärke und mein Lobgesang und ist mein Heil. Das ist mein Gott, ich will ihn preisen; er ist meines Vaters Gott, ich will ihn erheben. * Pf. 118, 14; Jes. 12, 2.

Der HErr ist der einzig würdige Gegenstand des Lobliedes, der Gott der Väter, der durch diese Errettungstat erst recht Israels Gott und Herr geworden ist.

»Am Abend verdunkelte sich der Himmel, Schwärme von Wachteln kamen hernieder und bedeckten das Lager. Am Morgen lag eine Schicht von Tau rings um die Zelte. Als sich die Tauschicht gehoben hatte, lag auf dem Wüstenboden etwas Knuspriges auf der Erde, fein wie Reif … es war weiß und schmeckte wie Honigkuchen. ›Man ha?‹ — ›Was ist das?‹, sagten die Israeliten, die es sahen. Und sie mahlten die Körner und buken Brot und Kuchen daraus. Das Brot und die Kuchen nannten sie fortan Manna.«

»Man ha?«, werden auch Sie begeistert fragen, wenn wir Ihnen nach Wachteln im Balsam-Bett unsere honigsüßen Manna-Krapfen servieren.

»Mann o Mann, sind die gut!«, können wir nur sagen.

9. Der Feind gedachte: Ich will nachjagen und ... den Raub austeilen und meinen Mut an ihnen kühlen; ich will mein Schwert ausziehen, ... Hand soll sie verderben.

... bläsest du deinen Wind blasen, und das ... deckte sie, und sie sanken unter wie Blei ...

11. HErr, * wer ist dir gleich unter den Göttern? Wer ist dir gleich, der so mächtig, heilig, schrecklich, löblich und † wundertätig sei? * 2. 15, 11. † Pf. 72, 18, 19.

Die Götter sind Nichtse, der HErr aber ist „herrlich in Heiligkeit, furchtbar in Ruhmestaten, Wunder vollbringend".

12. Da du deine rechte Hand ausrecktest, verschlang sie die Erde.

13. Du hast geleitet durch deine Barmherzigkeit dein Volk, das du erlöset hast, und hast sie geführt durch deine Stärke zu deiner heiligen Wohnung.

Mose sieht im Geist schon, wie der HErr sein Volk zum Ziele führt, zur Wohnung seiner Heiligkeit auf dem Berg Sinai. Andere Erklärer denken hier schon an das Heiligtum in Kanaan (vgl. V. 17).

14. Da das die Völker hörten, *erbebten sie; Angst kam die Philister an; * Jos. 2, 9—11.

15. da erschraken die Fürsten Edoms; Zittern kam die Gewaltigen Moabs an; alle Einwohner Kanaans wurden feig.

16. Es fällt auf sie Erschrecken und Furcht durch deinen großen Arm, daß sie erstarren wie die Steine, bis dein Volk, HErr, hindurchkomme, bis das Volk hindurchkomme, das du erworben hast.

Mit prophetischem Fernblick schaut Mose, wie alle feindlichen Völker von lähmender Furcht erfaßt werden bei der Kunde von der großen Gottestat.

Wachteln im Balsam-Bett

Für 4 Personen

zutaten
8 Wachteln
Salz, Pfeffer, gemahlener Koriander
3 EL Balsamico-Essig
2 EL Honig
1 großes Bund Frühlingszwiebeln
100 g Butter
2 EL Olivenöl

zubereitung
1. Wachteln waschen, abtrocknen und mit Salz, Pfeffer und Koriander innen und außen einreiben. Balsamico-Essig und Honig mit einem Schneebesen verrühren. Das Grün der Frühlingszwiebeln in größere Teile und das dicke weiße Ende in kleine Würfel schneiden.
2. Butter und Öl in einer Pfanne erhitzen. In eine flache Keramikform (ca. 5 cm hoch) die Essig-Honig-Mischung geben. Darüber die Frühlingszwiebeln verteilen. Auf dieses Bett die Wachteln mit möglichst wenig Zwischenraum setzen.

zum schluss
3. Backofen auf 250 Grad (Gas: Stufe 5) vorheizen. Die heiße Butter-Öl-Mischung über die Wachteln gießen. Die Form mit Alufolie abdecken und für ca. 10 Minuten in den heißen Backofen auf die mittlere Schiene stellen. Dann die Folie entfernen und die Wachteln weitere 5 Minuten bräunen lassen.

servier-tipp
Wer aus diesem Gericht eine üppige Hauptmahlzeit machen möchte, reichert es mit etwas kurz gebratener und mit Portwein abgelöschter Hühnerleber an und serviert das Ganze mit frischem knusprigem Weißbrot.

Süße Manna-Krapfen

Für 4 Personen

zutaten

400 g Mehl
150 g gemahlene Haselnüsse
40 g Hefe (1 Würfel)
2 EL Zucker
250 ml lauwarme Milch
50 g Butter
abgeriebene Schale von 1 Zitrone
3 EL Honig

Öl zum Frittieren
Puderzucker zum Bestreuen

zubereitung

1. Mehl und Haselnüsse in eine Schüssel geben und mit einem Schneebesen gut vermengen. In die Mitte eine Mulde drücken. Hefe hineinbröckeln und zusammen mit Zucker und 1 EL lauwarmer Milch zu einem kleinen Vorteig verrühren. Ca. 20 Minuten abgedeckt an einem warmen Ort gehen lassen.
2. In der Zwischenzeit die Butter bei geringer Hitze in der restlichen Milch auflösen. Zusammen mit der Zitronenschale und dem Honig in die Schüssel geben und alles durchkneten, bis ein glatter Teig entstanden ist, der sich gut von den Schüsselrändern löst. Weitere 30 – 40 Minuten gehen lassen.
3. Teig in der Schüssel nochmals gut durchkneten. Öl in den Frittiertopf geben und erhitzen. Um zu testen, ob das Öl heiß genug ist, einfach einen Holzlöffel hineintauchen. Steigen daran Bläschen hoch, hat das Fett die richtige Temperatur.

zum schluss

4. Auf einer bemehlten Fläche den Teig portionsweise 0,5 cm dick ausrollen, Dreiecke ausschneiden und diese schwimmend im heißen Öl ausbacken. Dabei einmal wenden. Auf Küchenkrepp entfetten, etwas abkühlen lassen und mit Puderzucker bestreuen.

servier-tipp

Die süßen Manna-Krapfen sind selbstverständlich auch eine ideale Ergänzung zu dem Knuspermus von Seite 13.

göttliche öle in der feinschmecker-küche

Die Israeliten aßen vierzig Jahre lang Manna, so lange dauerte ihr Zug durch die Wüste. Sie aßen Manna, bis sie in bewohntes Land kamen, bis sie die Grenze von Kanaan erreichten ... Da sprach der Herr zu Moses: »Nimm dir Balsam von bester Sorte ... Tropfenmyrrhe, wohlriechenden Zimt, Gewürzrohr, Zimtnelken, dazu Olivenöl und mach daraus ein würziges Salböl. Damit salbe das Zelt, in dem du meine Offenbarungen empfängst.«

2. Buch Moses, kapitel 30

Wir möchten das Öl lieber in der modernen Küche verwenden. Als Offenbarung für Feinschmecker sozusagen. Dabei verwenden wir, wie von Gott befohlen, Olivenöl. Und das Beste, was Er zu Moses' Zeiten an Würze wachsen ließ: Rosmarin, Salbei und Zimt.

Sie dürfen sich freuen auf drei Gewürzöle aus biblischer Zeit, die Salaten, Lamm-, Fisch- und Wildgerichten ein wunderbares Aroma verleihen. Und außerdem so gesund sind, dass es bis zur letzten Ölung noch lange dauern dürfte.

Für alle Gewürz- und Kräuteröle müssen die Zutaten an einem luftigen Platz – nicht in der Sonne – einige Tage getrocknet werden. Andernfalls wird das Öl trübe oder es bildet sich sogar Schimmel. Das frisch angesetzte Kräuteröl sollte mindestens 14 Tage lang an einem kühlen und dunklen Ort ziehen, darum empfehlen wir einfach die Aufbewahrung im Kühlschrank. Beim Olivenöl greifen Sie lieber zu preiswerten, einfachen Sorten, weil diese keinen so ausgeprägten Eigengeschmack haben.

Zitronen-Rosmarin-Öl

Für 1 Liter

zutaten
3 unbehandelte Zitronen
1 ½ EL getrockneter Rosmarin
1 l Olivenöl

zubereitung
1. Die Zitronen wie eine Kartoffel schälen. Die Schalen locker auf ein Brett legen und mindestens 3 Tage trocknen lassen.
2. Die getrockneten Zitronenschalen und den Rosmarin in einem großen Glas mit Deckel mit dem Öl übergießen. 2–3 Wochen im Kühlschrank ziehen lassen.
3. Durch einen Kaffeefilter in eine große, möglichst dunkle Flasche seihen.

servier-tipp
Das Zitronen-Rosmarin-Öl passt hervorragend zu frischen Salaten oder als Würze über ein gegrilltes Stück Fleisch.

Salbei-Knoblauch-Öl

Für 1 Liter

zutaten
5 Knoblauchzehen
20 getrocknete Salbeiblätter
1 l Olivenöl

zubereitung
1. Die Knoblauchzehen mit der Hand etwas drücken, sodass die Schalen leicht aufspringen. Zusammen mit den Salbeiblättern in einem großen Glas mit Deckel mit dem Öl übergießen. 2–3 Wochen im Kühlschrank ziehen lassen.
2. Durch einen Kaffeefilter in eine große, möglichst dunkle Flasche seihen.

servier-tipp
Das Salbei-Knoblauch-Öl passt sehr gut zu Fisch- oder Lammgerichten.

Steinpilz-Zimt-Öl

Für 1 Liter

zutaten
50 g getrocknete Steinpilze
2 Zimtstangen
1 l Olivenöl

zubereitung
1. In einem großen Glas mit Deckel die Steinpilze und die in Stücke gebrochenen Zimtstangen mit dem Öl übergießen. 2–3 Wochen im Kühlschrank ziehen lassen.
2. Durch einen Kaffeefilter in eine große, möglichst dunkle Flasche seihen.

servier-tipp
Das Steinpilz-Zimt-Öl verleiht Wildgerichten und auch einer Pasta con funghi (Nudeln mit Pilzen) ein besonderes Aroma.

übrigens ...
Wer möchte, kann aus den ölgeweichten Pilzen eine kleine Zwischenmahlzeit zubereiten. In einer heißen Pfanne kurz schwenken, einen Stich Butter unterrühren und auf einer Scheibe geröstetem Weißbrot anrichten.

Kanaan, so hieß das Land, das Gott den Israeliten zugedacht hatte nach ihrer Befreiung aus Ägypten. Milch und Honig, so hieß es, sollten dort fließen. Doch als Moses mit seinem Gefolge die Grenze zu Kanaan erreicht hatte, erfasste die Furcht vor Eroberungskriegen alle Männer und Frauen. Und sie wollten einen neuen Führer wählen, der sie nach Ägypten zurückbrächte. Zur Strafe für ihre Zweifel und ihren Ungehorsam beschloss Gott, der Herr: »Dann müsst ihr bis zu eurem Tode in der Wüste bleiben – und erst eure Kinder dürfen ins Gelobte Land. Vierzig Jahre wird dies dauern, bis keiner von euch Zweiflern mehr am Leben ist ...«

4. buch moses, kapitel 14

Hart, diese Verfügung, aber noch härter war, dass es so lange immer nur Manna zu essen gab!

Eine saftige Überraschung für Genießer erwähnt das Alte Testament erst wieder im 1. Buch Samuel, Kapitel 9, als sich die Enkel, Urenkel und Ururenkel der Wüstenwanderer längst im Gelobten Land niedergelassen hatten.

Da servierte der Prophet Samuel einem jungen Mann namens Saul eine Kalbshaxe, die er zuvor offenbar marinieren ließ. Jedenfalls heißt es an der Stelle: »Samuel befahl seinem Koch: Reiche das Stück, das ich dir gab, um es für diese Zeit aufzubewahren ...«

Wir vermuten, dass die Haxe in Öl und mit zerstampften Gewürzen aufbewahrt wurde. Erstens, weil es Sommer und sehr heiß war und das Fleisch sonst verdorben wäre, und zweitens, weil – so steht's geschrieben – »Saul mit großem Appetit aß«.

Bei dem Essen sagte Samuel seinem Gast voraus, was später dann auch tatsächlich eintraf: Saul wurde der erste König Israels.

Wir wagen die Prophezeiung, dass auch Ihrer Familie köstlich schmeckt, was der Prophet seinem künftigen König dabei vermutlich vorsetzte: marinierte Kalbshaxe mit Aprikosen, einfach saulmäßig gut!

Kalbshaxe mit Aprikosen

Für 4 Personen

zutaten

1 TL Korianderkörner
1 TL Pimentkörner
1 TL Wacholderbeeren
1 TL rote Pfefferkörner
1 TL Kräuter der Provence
Salz
6 EL Olivenöl
1 große Kalbshaxe (ca. 1,8 kg mit Knochen)
1 Bund Suppengemüse
8 getrocknete Aprikosen
350 ml Gemüsebrühe (Instant)
350 ml Rotwein (Merlot)
150 g saure Sahne

vorbereitung

1. In einem Mörser Koriander, Piment, Wacholder-beeren, Pfeffer, Kräuter der Provence und Salz so fein wie möglich zerstampfen. Mit 3 EL Olivenöl zu einer Paste verrühren. Die Kalbshaxe waschen, trocken tupfen und mit der Paste rundherum kräftig einreiben. Für ca. 6 Stunden zum Marinieren in den Kühlschrank stellen.

zubereitung

2. Suppengemüse waschen, putzen und klein würfeln. Die Aprikosen in Hälften schneiden.
3. In einem Bräter die Kalbshaxe auf allen Seiten anbraten. Klein geschnittenes Suppengemüse dazugeben und ebenfalls anrösten. Mit Gemüsebrühe und Rotwein ablöschen, kurz aufkochen lassen und dann bei 160 Grad (Gas: Stufe 2) in den Backofen stellen. 2 Stunden schmoren.

zum schluss

4. Kalbshaxe aus dem Bräter nehmen, auf eine feuerfeste Platte legen und im Ofen bei ca. 220 Grad (Gas: Stufe 4) nochmals ca. 10 Minuten bräunen.
5. In der Zwischenzeit die Sauce durch ein Sieb in einen kleineren Topf passieren. Auf ca. die Hälfte der Menge einkochen lassen. Sauerrahm und Aprikosenhälften unterrühren und noch einmal kurz aufkochen lassen.

servier-tipp

Dieses herzhafte Stück Geschichte sollte man mit Pinien-Polenta (Seite 82) und einem knackigen Eisbergsalat kredenzen.

Davids Müsli,
dank dem er Goliat besiegte

Von Anbeginn seiner Regentschaft bis zu seinem Tode führte König Saul Kriege gegen die Philister. Denn heftig umstritten zwischen den Israeliten und den Philistern war das Siedlungsgebiet des Stammes Dan, das an das der Philister grenzte. Eine von vielen Schlachten war jene im Eichental, das zwischen Socho und Aseka lag. Aus den Reihen der Philister trat ein einzelner Krieger hervor: Er hieß Goliat und stammte aus Gat. Er war über drei Meter groß und trug Helm, Brustpanzer und Beinschienen aus Bronze. Der Panzer allein wog mehr als einen Zentner, und fast vierzehn Pfund schwer war die Spitze der Lanze auf seinem Rücken. Goliat trat vor die Reihen der Philister und rief den Israeliten zu: »Warum stellt ihr euch zur Schlacht auf? Ich stehe für die Philister und ihr steht für Saul. Wählt einen von euch aus, er soll zu mir herabkommen und mit mir kämpfen. Wenn er mich besiegt und tötet, wollen wir eure Sklaven sein. Wenn aber ich siege und ihn töte, sollt ihr unsere Sklaven werden ...« Als Saul und die Männer Israels das hörten, erschraken sie und hatten große Angst ...

1. Buch samuel, kapitel 17

Vierzig Tage lang trat Goliat morgens und abends vor die Reihen der Philister und forderte Sauls Soldaten zum Zweikampf heraus. Bis David mit seiner Steinschleuder kam und den Riesen tötete. Jeder kennt die Begebenheit, und eigentlich möchte jedermann wie David sein: beherzt und ohne Furcht, den Großen die Stirn bietend und selbst ein Großer werden. David wurde ein Großer: Als Nachfolger Sauls und zweiter König Israels ging er später in die Geschichte ein.

Kein Wunder, dass David Goliat besiegte, denn außer der Steinschleuder hatte er auch Müsli im Gepäck, wie aus dem Buch Samuels zu erfahren ist: »Isai von der Sippe Efrat aus Betlehem war ein angesehener Mann. Die drei ältesten seiner acht Söhne gehörten dem Heere Sauls an. David war der Jüngste... und hütete die Schafe seines Vaters. Eines Tages sagte Isai zu David: ›Geh zu deinen Brüdern ins Lager! Bring ihnen diesen kleinen Sack mit gerösteten Körnern und zehn Brote. Dem Hauptmann nimmst du zehn Käse mit. Sieh zu, wie es deinen Brüdern geht ...‹ «

Mit keinem Wort erwähnt wird, dass David die gerösteten Körner abgeliefert hat. Was die Vermutung zulässt, dass er sie als Stärkungsmittel gegen Goliat nutzte und sich vor dem Kampf ein gehaltvolles Müsli daraus bereitete. Auch wissen wir nicht, was aus dem Käse für den Hauptmann wurde.

Nehmen wir also des Hauptmanns Käse und Davids Körner und machen das Beste daraus: ein Müsli, nach dessen Genuss Sie sich stark wie Goliat fühlen werden.

Davids Power-Müsli

Für 4 Portionen

zutaten

200 g Haferflocken
2 EL Pinienkerne
3 Äpfel
6 Aprikosen
100 g Haselnüsse
8 Minzblätter
300 g Hüttenkäse
¼ l Milch
abgeriebene Schale von 1 Zitrone
4 EL Honig
1 EL Leinsamen

vorbereitung

1. Ein Viertel der Haferflocken zusammen mit den Pinienkernen in einer beschichteten Pfanne ohne Fett anrösten. Zur Seite stellen und abkühlen lassen.

zubereitung

2. Äpfel schälen, entkernen und in kleine Würfel schneiden. Aprikosen halbieren, entsteinen und in feine Spalten schneiden. Haselnüsse mit einem Messer grob hacken. 4 Minzblätter in feine Streifen schneiden.
3. In einer Schüssel Hüttenkäse, Milch, Zitronenschale und Honig gut verrühren. Restliche Haferflocken, Leinsamen und die vorbereiteten Zutaten von Punkt 2 dazugeben. 10 – 15 Minuten quellen lassen.

zum schluss

4. Kurz vor dem Servieren die gerösteten Haferflocken und Pinienkerne dazugeben. Das Müsli mit den übrigen Minzblättern dekorieren.

DER DRINK, MIT DEM DAVID ZU NEUEN KRÄFTEN KOMMT

als das Heer nach dem Sieg Davids über den stärksten Mann der Philister heimkehrte, zogen Frauen aus allen Städten Israels König Saul entgegen. Sie tanzten und sangen zum Klang der Lauten und Tamburine und wiederholten jubelnd immer wieder: »Tausend Feinde hat Saul erschlagen, doch zehntausend waren's, die David erschlug!« 1. BUCH SAMUEL, KAPITEL 18

Nachdem er Goliat mit dem Stein aus seiner Schleuder getötet hatte, hatte David offenbar auch bei Frauen einen Stein im Brett. Jedenfalls sorgte er von nun an ohne Unterlass und mit verschiedenen Partnerinnen für Nachwuchs.

»In Hebron«, so steht es im 2. Buch Samuel, Kapitel 3, »wurden David nacheinander die folgenden Söhne geboren: als Erstgeborener Ammon, seine Mutter war Ahinoam aus Jesreel; als zweiter Kilab, seine Mutter war Abigail, die Witwe Nabals aus Karmel; als dritter Abschalom, seine Mutter war Maacha, die Tochter des Königs Talmai von Geschur; als vierter Adonija, seine Mutter war Haggit; als fünfter Schefatja, seine Mutter war Abital; als sechster Jitream, seine Mutter war Egla ...«

Und weiter geht's in Kapitel 5: »Nachdem David König von Israel geworden und von Hebron nach Jerusalem gezogen war, nahm er sich noch weitere Frauen und Nebenfrauen und bekam noch mehr Söhne und Töchter. Die Söhne, die ihm in Jerusalem geboren wurden, waren: Schima, Schobab, Natan, Salomo, Jibhar, Elischua, Nefeg, Jafia, Elischama, Eljada und Elifelet.«

Doch David beschäftigte sich auch noch mit anderen Dingen: mit Harfe spielen beispielsweise, Gedichte schreiben und gutem Essen. Speisen wir also ein wenig mit David, dessen Appetit in der Bibel des Öfteren Erwähnung findet ...

Mit von der Partie sind bei den nächsten Rezepten nur zwei seiner Frauen: Die schöne Abigail zunächst, die Rosinenkuchen und Feigenkuchen für ihn buk. Und danach Batseba, die von David aufs Köstlichste bewirtet und dann geschwängert wurde.

Doch zuvor lassen Sie uns noch einen Power-Cocktail für David mixen. Damit er zu neuen Kräften kommt und sich um seine gigantische Familie kümmern kann.

Davids Power-Cocktail

Für 4 Gläser

Zutaten
2 Möhren
1 Gemüsegurke
½ l Selleriesaft (Reformhaus)
Saft von 1 Zitrone
2 EL Olivenöl
200 ml Buttermilch
4 Eiswürfel
4 Eigelb
Muskat, Salz, Pfeffer
Zitronenmelisse zum Dekorieren

Zubereitung
1. Möhren fein reiben. Gemüsegurke schälen, klein würfeln und beiseite stellen.
2. Sellerie- und Zitronensaft, Olivenöl, Buttermilch und die fein geriebenen Möhren in einem Mixer kurz verschlagen.

Zum Schluss
Das Mixgetränk in vier große Cocktailgläser füllen. In jedes Glas 1 Eiswürfel, 1 Eigelb und 1 EL gewürfelte Gurke geben. Mit Muskat, Salz und Pfeffer würzen. Kurz umrühren und mit je einem Stängel Zitronenmelisse dekoriert servieren.

Übrigens ...
Für eine alkoholische Variante dieses stärkenden Cocktails geben Sie einfach einen Schuss Wodka dazu.

ABIGAIL – EINE WITWE VON IHRER SÜSSESTEN SEITE

Als Samuel, der große Prophet, starb, versammelten sich alle Männer Israels an seinem Wohnort in Rama, um die Totenklage für ihn zu halten und ihn zu begraben. David aber zog sich mit 600 seiner Leute weit nach Süden in die Wüste Paran zurück. Dort lebte in der Ortschaft Maon ein reicher Mann, der 3000 Schafe und 1000 Ziegen hatte und gerade Schafschur hielt. Der Mann hieß Nabal und seine Frau Abigail. Die Frau war klug und von schöner Gestalt, ihr Mann aber roh und bösartig. Als David einen Boten zu ihm sandte mit der Bitte um Nahrung, lehnte Nabal ab: »Mein Brot und mein Trinkwasser und mein Schlachtfleisch sind für meine Schafscherer und nicht für jeden Streuner, der daherkommt.« Dies erzürnte David so sehr, dass er Nabal und sein Gefolge zu töten trachtete... Da nahm Abigail in aller Eile 200 Brote, zwei Schläuche Wein, fünf hergerichtete Schafe, fünf Maß geröstetes Korn, 100 Kuchen aus getrockneten Trauben und 200 Feigenkuchen und bepackte damit Esel. Dann ritt sie, von einem Berge verdeckt, den Hügel hinab... wo sie mit David und seinen Leuten zusammentraf... David nahm das, was sie ihm gebracht hatte, aus ihrer Hand und sprach: »Gepriesen seist du, die mich davor bewahrt hat, in Blutschuld zu geraten... Kehre in Frieden in dein Haus zurück!«

1. Buch samuel, kapitel 25

Das Brot, der Wein und die Schafe interessieren uns an dieser Stelle weniger — davon haben wir bereits reichlich genossen. Und auch das geröstete Korn wurde schon zu Müsli verarbeitet, um David für den Kampf gegen Goliat zu stärken.

Neu sind hier die Rosinen- und die Feigenkuchen, mit denen Abigail den Mord an ihrem Mann verhinderte. Von solcher Güte müssen sie gewesen sein, dass den armen reichen Nabal dann doch der Schlag traf, als er von ihrem Verlust erfuhr. »Am nächsten Morgen«, so heißt es im 1. Buch Samuel, »teilte Abigail ihm alle Begebenheiten mit. Da versagte sein Herz in der Brust, und er ward wie ein Stein. Nach ungefähr zehn Tagen schlug der Herr den Nabal und er starb.«

Pech für Nabal, neues Glück für David: Er bat die schöne Abigail, seine Frau zu werden, und sie sagte ja. Zur Feier des Tages deshalb nicht nur ihre wunderbaren Rosinen- und Feigenkuchen, sondern — als süße Zugabe — einen mit Datteln obendrein.

Abigails Rosinen-Kranz

Für 16 – 20 Stücke

zutaten

500 g Rosinen
2 cl brauner Rum
1 kg Mehl
300 ml Milch
80 g Hefe (2 Würfel)
200 g Zucker
2 TL Salz
abgeriebene Schale von 1 Zitrone
1 Päckchen Vanillezucker
300 g Butter
50 g Zitronat
150 g gemahlene Mandeln

100 g Butter zum Bestreichen
Zucker und Puderzucker zum Bestreuen

vorbereitung

1. Am Abend zuvor die Rosinen mit dem Rum übergießen und zugedeckt ziehen lassen. Hin und wieder umrühren, damit die Rosinen etwas aufquellen.

zubereitung

2. Am nächsten Tag das Mehl in eine große Schüssel sieben. In die Mitte eine Mulde drücken. Milch leicht erwärmen. In der Hälfte der Milch mit etwas Zucker die Hefe auflösen. Damit in der Mehlmulde einen mittelfesten Vorteig anrühren. 40 – 50 Minuten abgedeckt an einem warmen Ort gehen lassen.
3. Nun die übrigen Zutaten (Zucker, Gewürze, Butter, Zitronatwürfel, Mandeln, die restliche Milch und zum Schluss die Rosinen) dazugeben und das Ganze zu einem festen Teig verkneten. Weitere 2 Stunden gehen lassen.
4. Backofen auf 200 Grad (Gas: Stufe 4) vorheizen. Teig nochmals gut durchkneten und in drei gleich große Stücke teilen. Aus jedem Stück eine Rolle formen, aus den drei Rollen einen Zopf flechten und diesen kreisförmig auf ein mit Backpapier ausgelegtes Blech setzen. Nochmals 30 Minuten gehen lassen. Dann den Rosinen-Kranz ca. 60 Minuten backen.

zum schluss

5. Die Butter zum Bestreichen in einem Töpfchen zergehen lassen. Nun den Kranz abwechselnd buttern und zuckern, und zwar immer in dieser Reihenfolge: zerlassene Butter – klarer Zucker – zerlassene Butter – Puderzucker…
6. Der Kranz sollte vor dem Anschneiden 4 – 6 Tage gut abgedeckt an einem kühlen Ort lagern.

übrigens …

Wichtig: Für einen Hefeteig sollten alle Zutaten Zimmertemperatur haben, bevor sie verarbeitet werden.

Abigails Dattel-Traum

Für 12 Stücke

zutaten

für den teig

200 g Butter
100 g Zucker
1 Ei
300 g Mehl
Salz

für den Belag

200 g getrocknete Datteln
4 Äpfel
2 cl Cointreau (Orangenlikör)
250 g Magerquark
2 Eier
1 Päckchen Vanillezucker
2 EL Honig

Fett für die Springform

zubereitung des teiges

1. Die Butter schaumig rühren. Die Hälfte des Zuckers dazugeben und weiterrühren. Dann das Ei und den restlichen Zucker unterrühren. Mehl und 1 Prise Salz hinzugeben und das Ganze zu einem glatten Teig verkneten. Ca. 20 Minuten im Kühlschrank ruhen lassen.

zubereitung des Belages

2. Die Datteln entsteinen, klein schneiden und in 3 EL Wasser ca. 10 Minuten weich kochen. Äpfel schälen, halbieren, entkernen, in Spalten schneiden und kurz mit den Datteln dünsten. Mit Cointreau ablöschen und abkühlen lassen.
3. Den Quark mit Eiern, Vanillezucker und Honig verrühren.

zum schluss

4. Backofen auf 200 Grad (Gas: Stufe 4) vorheizen. Springform gut einfetten. Den Teig ausrollen, in die Form geben und am Rand hochdrücken. Die Hälfte der Quarkmasse auf dem Teigboden glatt streichen. Dattel-Apfel-Mischung darauf verteilen. Restliche Quarkmasse darüber geben. 45 – 60 Minuten backen, bis die Oberfläche leicht gebräunt ist.

Abigails Feigen-Torte

Für 12 Stücke

zutaten

für den teig

300 g getrocknete Feigen
8 Eier
250 g Puderzucker
abgeriebene Schale von 1 Zitrone
80 g Semmelbrösel
Butter und Semmelbrösel für die Formen

für die füllung

400 g Birnen
100 g Zucker
50 g gehackte süße Mandeln
1 EL Rosinen
Saft von 1 Zitrone
200 ml Schlagsahne
70 g Puderzucker

1 Päckchen Zitronen-Glasur

zubereitung des teiges

1. Feigen sehr klein schneiden. Eigelbe und Eiweiße trennen. Eigelbe mit Puderzucker und der abgeriebenen Zitronenschale schaumig rühren. Eiweiße steif schlagen.
2. Eigelbmischung mit dem steifen Eiweiß vermischen. Feigenstückchen und Semmelbrösel darunter heben.
3. Backofen auf 175 Grad (Gas: Stufe 2) vorheizen. Zwei Springformen (26 cm Durchmesser) mit Butter gut einfetten und mit Semmelbröseln ausstreuen. Je eine Hälfte der Teigmasse darin verteilen und glatt streichen. Auf der mittleren Schiene 20 Minuten backen. (Bei Umluftherden können beide Teigplatten gleichzeitig gebacken werden.)

zubereitung der füllung

4. Birnen schälen, halbieren und entkernen. Grob reiben und mit dem Zucker und den Mandeln vermengen. Die Mischung in einer beschichteten Pfanne unter ständigem Rühren anbraten, bis sie glasig ist. Vom Herd nehmen, Rosinen und Zitronensaft dazugeben. Abkühlen lassen.
5. Sahne steif schlagen und zusammen mit dem Puderzucker unter die abgekühlte Birnenmasse heben.

zum schluss

6. Eine der Teigplatten in ein Tortenband (im Haushaltsgeschäft erhältlich) legen. Die Birnen-Sahne-Masse darauf verteilen. Zweite Platte darauf legen. Zitronen-Glasur nach Packungsangabe anrühren und die Oberfläche damit bestreichen. Den Kuchen für 3 Stunden kühl stellen.

Batsebas enthüllung nach gefülltem hähnchen

*D*avid war nun König und es begab sich, dass er an einem Spätnachmittag von seiner Schlafstätte aufstand und sich auf dem Flachdach des Palastes erging. Da sah er im Hof des Nachbarhauses eine Frau sich waschen. Und die Frau war von sehr schöner Gestalt. David ließ nachforschen, wer sie sei, und man sagte ihm: »Es ist Batseba, die Tochter Ammiels und Frau des Hetiters Urija.« David sandte Boten und ließ sie holen. Sie kam und er schlief mit ihr.

2. Buch Samuel, Kapitel 11

Nun, ganz so schnell wie der Bibel-Reporter es hier schildert, dürften die beiden wohl nicht zusammengefunden haben. Vielmehr ist anzunehmen, dass der musische König, bevor er sich Batseba näherte, erst einmal in die Harfe griff. Und dass es, ehe er Erfüllung bei ihr fand, gefüllte Hähnchen gab ... Denn Geflügel, das blieb bislang selbst von Bibelforschern unwidersprochen, beflügelte David besonders, wenn der siebte Himmel nahe war.

Über die Beilagen hingegen ist wenig bekannt. Wir haben uns für einen einfachen grünen Salat entschieden, weil der so prächtig mit unserer Füllung harmoniert: Datteln, Haselnüsse und Lauchzwiebeln.

Mit der Harmonie bei Batseba daheim war es nach dem Schäferstündchen allerdings vorbei: Ihr Mann Urija schlief nicht mehr mit ihr. Damit David dies aber weiterhin ungestört tun konnte, ließ er Urija ermorden und heiratete die Witwe.

Aus Davids Verbindung mit Batseba ging später der Weiseste von allen hervor: Salomo, der dritte König von Israel.

Doch bevor wir mit ihm und der Königin von Saba speisen, möchten wir Ihnen zuerst das betörende Hähnchengericht für Batseba vorstellen.

Hasel-Hähnchen für Batseba

Für 4 Personen

zutaten
1 großes Brathähnchen ohne Innereien
Salz, Pfeffer

für die füllung
2 – 3 Brötchen vom Vortag (je nach Geflügelgröße)
100 ml Milch
100 g ganze Haselnüsse
6 getrocknete Datteln
1 Lauchzwiebel
1 EL Butter
1 Ei
Muskat
gemahlener Koriander
Salz, Pfeffer

für die marinade
1 EL Kürbiskernöl
1 EL Honig
1 EL Zitronensaft

zubereitung
1. Hähnchen waschen und trocken tupfen. Innen und außen mit Salz und Pfeffer einreiben.
2. Für die Füllung Brötchen klein schneiden. Milch kurz aufkochen lassen und zur Seite stellen. Haselnüsse im Zerkleinerer der Küchenmaschine oder mit einem Messer grob hacken. Datteln entsteinen und klein schneiden. Lauchzwiebel in feine Röllchen schneiden und in der Butter kurz anschwitzen.
3. Klein geschnittene Brötchen in eine Schüssel geben, mit der heißen Milch übergießen und kurz ziehen lassen, damit sich die Brötchen vollsaugen können. Restliche Zutaten dazugeben und vermengen. Mit je 1 Prise Muskat und Koriander würzen und mit Salz und Pfeffer abschmecken.
4. Hähnchen mit der Masse füllen. Die Öffnung mit Holzspießchen fest verschließen. Im Backofen 30 Minuten bei 200 Grad (Gas: Stufe 3) auf dem Grillrost braten.

zum schluss
5. In der Zwischenzeit die Zutaten für die Marinade kräftig verrühren. Hähnchen herausnehmen und auf allen Seiten mit der dunklen Mischung bestreichen. Weitere 15 Minuten braten und noch einmal bestreichen. Backofenhitze auf 120 Grad (Gas: Stufe 1) reduzieren und das Hähnchen in ca. 15 Minuten fertig garen.

servier-tipp
Das Hähnchen samt Fülle vierteln und auf einem großen Holzbrett servieren. Als Beilage einen grünen Salat (mit Essig und Öl angemacht) und frisches Fladenbrot reichen.

übrigens ...
Das Geflügel auf jeden Fall erst nach der Hälfte der Bratzeit mit der Marinade bestreichen. Denn wenn man es früher macht, wird das gute Stück höllisch schwarz, und das passt ja nicht zu himmlischen Rezepten ...

salomos antwort auf feinschmecker-fragen

Nach David kam Salomo an die Macht, der Sohn Davids mit Batseba. Er bat Gott um Weisheit, damit er sein Volk gerecht regiere und zwischen Gut und Böse zu unterscheiden wisse … Und Gott gab Salomo ein weises Herz und Einsicht in höchstem Grade dazu: Weitblick des Verstandes, dem Sand am Ufer des Meeres vergleichbar. Zum Unterhalt seines riesigen Hofstaates brauchte er täglich dreißig Kor (12.000 kg) Weizengrieß, 60 Kor (24.000 kg) Feinmehl, zehn Mastrinder, zwanzig Weiderinder, hundert Stück Kleinvieh, nicht gerechnet die Hirsche, Gazellen, Rehe und das gemästete Geflügel. Denn er herrschte über alles Gebiet jenseits des Euphratstromes von Tiphsach bis Gaza, über alle Könige jenseits des Euphratstromes. Und er hatte Frieden auf allen Seiten ringsum … Von allen Völkern kamen Leute, um die Weisheit Salomos zu hören, und eine Anzahl von allen Königen der Erde, die von seiner Weisheit Kunde erhalten hatten.

1. Buch der Könige, Kapitel 3-5

Auch die Königin von Saba war neugierig geworden: Ein Mann — und so klug? Mit großem Gefolge machte sie sich auf den Weg nach Jerusalem, um Salomo mit Rätselfragen zu testen.

Salomo blieb ihr keine Antwort schuldig, und die Königin war von seiner Klugheit tief beeindruckt.

Nur eine Frage vergaß sie leider zu stellen: »Wie viel Uhr ist es, Salomo?« Sonst wäre überliefert, ob es sich bei der anschließenden Tafel um ein Mittag- oder Abendessen gehandelt hat. In jedem Falle muss es ein höchst üppiges Büfett gewesen sein, das König Salomo für die Königin von Saba bereiten ließ, denn: »Als sie die Speisen und Getränke sah, die auf seine Tafel kamen, stockte ihr vor Staunen der Atem.«

Das verwundert nicht, wenn man bedenkt, was Salomos Köchen außer Mehl, Milch und Gewürzen täglich zur Verfügung stand — wir erinnern uns: »Rindfleisch, Kleinvieh, Hirsche, Gazellen, Rehe, gemästetes Geflügel …«

Daraus lassen sich auch heute noch allerlei Köstlichkeiten zaubern. Blättern Sie um: Unser kleines salomonisches Büfett beantwortet alle Feinschmecker-Fragen.

Sandalen-Toast

Für 4 Portionen

zutaten

250 g Hähnchenbrust
1 EL Sesamöl
Saft von ½ Zitrone
1 EL Speisestärke
½ Bund glatte Petersilie
2 Knoblauchzehen
40 g Mandelstifte
Salz
1 EL Olivenöl
Pfeffer
1 Ei
1 EL Korinthen
2 EL Semmelbrösel
2 große Auberginen
2 EL dunkle Olivenpaste
4 Scheiben Käse zum Überbacken
(z. B. Gouda oder Emmentaler)

Beilagen

Auberginen-Reste
2 EL Olivenöl
1 Prise Zucker
100 ml Weißwein
1 EL Balsamico-Essig
2 Knoblauchzehen

8 Artischockenherzen (aus dem Glas)
8 EL weiße Bohnen aus dem Glas

vorbereitung

1. Hähnchenbrust mit einem großen Messer möglichst fein hacken. Mit Sesamöl, Zitronensaft und Speisestärke vermengen und für ca. 30 Minuten in den Kühlschrank stellen. Petersilie klein schneiden, einen Teil für die Garnitur beiseite stellen.

zubereitung

2. Mandelstifte in einer beschichteten Pfanne rösten, bis sie leicht braun sind, salzen und zur Seite stellen. In derselben Pfanne in dem Öl das Hähnchenfleisch sanft anbraten, salzen und pfeffern. Dann in eine Schüssel geben und etwas abkühlen lassen.
3. Fleisch mit Ei, Korinthen, Semmelbröseln, gerösteten Mandelstiften und Petersilie vermengen. Knoblauchzehen schälen und durchgepresst unterrühren.
4. Aus den Mittelstücken der Auberginen längs vier ca. 1 cm dicke Scheiben schneiden, die die Form von Sandalen-Sohlen haben. Auf einem Tischgrill oder in einer beschichteten Grillpfanne ohne Fett kurz von beiden Seiten anrösten.

zum schluss

5. Auberginen-Scheiben auf ein mit Backpapier ausgelegtes Backblech legen und mit der Olivenpaste bestreichen. Nun die Fleischmasse auf die vier Scheiben verteilen, mit dem Käse belegen und im Backofen bei starker Oberhitze (oder unter einem Grill) überbacken, bis der Käse geschmolzen und leicht gebräunt ist.
6. Für die Beilage in der Zwischenzeit die Auberginen-Reste in kleine Stücke schneiden. In einer Pfanne im Öl anbraten, Zucker darüber streuen und mit Weißwein und Balsamico-Essig ablöschen. Die Knoblauchzehen abziehen und durchgepresst dazugeben. Mit Salz und Pfeffer abschmecken und zugedeckt zur Seite stellen.

servier-tipp

Jeden Sandalen-Toast auf einen großen Teller geben, rundum mit je 2 Artischockenherzen, den geschmorten Auberginen und je 2 EL weißen Bohnen anrichten. Etwas gehackte Petersilie darüber streuen.

Salomos Baguette

Für 5 Brotstangen

zutaten

für den teig

400 g Weizenmehl (Typ 405)
100 g Weizenvollkornmehl
40 g Hefe (1 Würfel)
300 ml lauwarmes Wasser
1 Prise Zucker
200 g Magerquark
1 TL Salz
1 EL Olivenöl

für die füllung

250 g Feta-Käse (fester Schafskäse)
1 EL Kapern
1 TL Kräuter der Provence
2 Knoblauchzehen
Pfeffer aus der Mühle

zum Bestreichen

1 Eigelb
4 EL Milch

zum Belegen

100 g Mandelstifte
Salz

zubereitung des teiges

1. Die beiden Mehlsorten in einer Schüssel vermengen. In die Mitte eine Mulde drücken. Die Hefe hineinbröckeln und mit 4 EL lauwarmem Wasser und dem Zucker zu einem kleinen Vorteig verrühren. Ca. 20 Minuten abgedeckt an einem warmen Ort gehen lassen.
2. Magerquark mit Salz und dem restlichen Wasser verrühren. Mit dem Olivenöl zu Mehl und Vorteig geben und mit den Händen oder den Knethaken des Handrührgerätes ca. 5 Minuten gut durchkneten, bis ein glatter Teig entstanden ist, der sich gut vom Schüsselrand löst. Weitere 40 Minuten gehen lassen.

zubereitung der füllung

3. Den Käse klein würfeln. Knoblauchzehen schälen. Käsewürfel und Kapern in einer kleinen Schüssel mit den Kräutern, dem durchgepressten Knoblauch und Pfeffer gut vermengen.

zum schluss

4. Backofen auf 200 Grad (Gas: Stufe 3) vorheizen. Den Teig auf einer bemehlten Arbeitsfläche nochmals durchkneten und in fünf gleich große Teile schneiden. Jedes Teil zu einem ca. 40 x 10 cm großen Rechteck ausrollen. In die Mitte mit einem Löffel längs etwas Füllung geben. Die Teig-Rechtecke von der Längsseite her aufrollen, sodass Baguette-Formen entstehen.
5. Eigelb und Milch verquirlen. Die Baguettes nebeneinander auf ein mit Backpapier ausgelegtes Blech setzen, mit der Ei-Milch-Mischung bestreichen und mit den Mandelstiften längs in der Mitte so belegen, dass eine Art Reißverschluss-Muster entsteht. Mit Salz bestreuen.
6. Die Baguettes im Backofen auf unterster Schiene 30 – 40 Minuten backen. Lauwarm servieren.

Lamm-Taschen

Für 4 Personen

zutaten

für die füllung
50 g Rosinen
2 EL Olivenöl
300 g Lammhack
2 EL saure Sahne
Salz, Pfeffer, 1 TL Essig
1 rote Chilischote
1 Zweig Rosmarin
1 TL Honig
50 g Mandelstifte

für den teig
300 g Vollkornmehl
20 g Hefe (½ Würfel)
1 Prise Zucker
150 ml lauwarmes Wasser
50 g gemahlene Mandeln
Salz
1 EL Olivenöl

1 Eiweiß
50 g weiße Sesamsamen
Sonnenblumenöl zum Ausbacken

zubereitung der füllung
1. Die Rosinen in etwas Wasser einweichen und beiseite stellen. Öl in einer beschichteten Pfanne erhitzen. Lammhack kurz und kräftig anbraten. Saure Sahne dazugeben und mit Salz, Pfeffer und Essig abschmecken. Die Pfanne vom Herd nehmen. Chilischote klein hacken.
2. In einer Schüssel die Hackmischung mit den abgetropften Rosinen, der Chilischote, den Nadeln des Rosmarinzweiges und dem Honig vermengen. Die Mandelstifte in einer beschichteten Pfanne anrösten, salzen und zur Mischung geben. Kalt stellen.

zubereitung des teiges
3. Das Mehl in eine Schüssel geben. In die Mitte eine Mulde drücken und die Hefe hineinbröckeln. Mit einer Prise Zucker und 2 EL lauwarmem Wasser zu einem kleinen Vorteig verrühren. Ca. 30 Minuten abgedeckt an einem warmen Ort gehen lassen.
4. Restliches Wasser, die gemahlenen Mandeln, 1 Prise Salz und das Olivenöl dazugeben. Auf einer bemehlten Arbeitsfläche gut durchkneten. Abgedeckt weitere 30 Minuten gehen lassen. Dann nochmals durchkneten. Aus dem Teig 8 gleich große Bällchen formen. Diese auf ein Blech setzen und wiederum 30 Minuten gehen lassen.

zum schluss
5. Das Sonnenblumenöl zum Ausbacken erhitzen. Um zu testen, ob das Öl heiß genug ist, einfach einen Holzlöffel hineintauchen. Steigen daran Bläschen hoch, hat das Fett die richtige Temperatur.
6. Jedes der Bällchen zu einem ca. 12 cm großen Kreis ausrollen. Ränder mit Eiweiß bestreichen. In die Mitte der Kreise jeweils 2 EL Füllung geben. Teigkreise zusammenklappen, an den Rändern festdrücken und mit etwas Wasser anfeuchten. Jede Teigtasche auf beiden Seiten in einen Teller mit den Sesamsamen drücken. In heißem Fett schwimmend ausbacken. Fertige Taschen auf einem mit Küchenkrepp belegten Blech im Backofen bei 80 Grad (Gas: Stufe 1) warm stellen, bis alle ausgebacken sind.

servier-tipp
Als Beilage eignen sich ein knackiger Salat und der Dattel-Kräuter-Dip von Seite 77.

Dattel-Kräuter-Dip

Für 4 Personen

zutaten

2 TL Sesamsamen
6 getrocknete Datteln
Kraut von 3 – 4 Selleriestangen
Kraut von 1 Fenchelknolle
1 EL gehackte glatte Petersilie
1 EL gehackter Schnittlauch
200 g Joghurt (3,8 % Fett)
200 g saure Sahne
1 TL Sesamöl
1 TL Rotweinessig

zubereitung

1. Sesamsamen in einer beschichteten Pfanne kurz anrösten und beiseite stellen. Datteln entsteinen und in kleine Stücke schneiden. Zusammen mit allen anderen Zutaten bis auf die Sesamsamen in einen Mixer geben. Gerät auf mittlerer Stufe einschalten und so lange mixen, bis die Sauce eine sämige Konsistenz hat (das dauert ca. 1,5 Minuten).
2. Mit den Sesamsamen bestreuen und im Kühlschrank kalt stellen.

servier-tipp

Dieser frische Dip passt zu vielen Fleisch-, Fisch- und Gemüsegerichten.

Schafskäse-Gurken-Strudel

Für 4 Personen

zutaten

für den strudelteig
250 g Mehl
1 Ei
1 TL Olivenöl
1 Prise Salz
⅛ l lauwarmes Wasser

für die füllung
5 mittelgroße Gemüsegurken
1 mittelgroße Zwiebel
3 Knoblauchzehen
2 EL Olivenöl
Saft von 1 Zitrone
Salz, Pfeffer, Zucker
8 Walnüsse
300 g fester Schafskäse
½ Bund Basilikum
2 Zweige Liebstöckel
1 Ei
3 EL Magerquark

Olivenöl

zubereitung des teiges
1. Das Mehl in eine Schüssel sieben und mit den übrigen Zutaten zu einem glatten Teig verkneten. Den Teig auf ein bemehltes Brett geben, eine vorgewärmte Schüssel darüber stülpen und ca. 30 Minuten ruhen lassen.

zubereitung der füllung
2. Die Gurken schälen, längs halbieren und die Kerne mit einem Löffel herausschaben. In 5 mm dicke Scheiben schneiden.
3. Zwiebel und Knoblauch schälen und fein würfeln. In 2 EL Olivenöl kurz anschwitzen. Die Gurkenscheiben dazugeben, mit Zitronensaft, Salz, Pfeffer und Zucker abschmecken und so lange köcheln lassen, bis die Flüssigkeit verdampft ist.
4. Walnüsse grob hacken, Schafskäse würfeln, Kräuter klein zupfen. In einer Schüssel die gedünsteten Gurken, Walnüsse, Schafskäse, Ei, Magerquark und Kräuter vermengen. Die Mischung abkühlen lassen.

zum schluss
5. Backofen auf 200 Grad (Gas: Stufe 3) vorheizen. Den Teig auf einem bemehlten Tuch zu einem Rechteck ausrollen. Mit bemehlten Händen unter den Teig greifen und ihn vorsichtig in Form ziehen, sodass eine ca. 50 x 40 cm große Platte entsteht.
6. Den Teig auf dem Tuch mit 1 EL Olivenöl bepinseln. Die Füllung auf die vorderen zwei Drittel des Teiges verteilen. Mit Hilfe des Tuches den Strudel vorsichtig aufrollen, dann auf ein mit Olivenöl eingefettetes Blech setzen und mit Olivenöl bestreichen.
7. Strudel ca. 45 Minuten auf der mittleren Schiene backen. Lauwarm servieren.

servier-tipp
Eine schnell zubereitete Sauce rundet das Strudel-Vergnügen ab: 200 g Joghurt mit dem Saft von ½ Zitrone und einigen Blättern klein gehackter Minze verrühren, mit Salz und Pfeffer abschmecken und zu den Strudelstücken reichen.

übrigens …
Wer keinen frischen Liebstöckel bekommt, kann die Füllung auch mit einigen Spritzern Maggi würzen.

80

Daniel, ein Sohn Israels von adliger Herkunft, war mit drei Freunden auserwählt worden, am Hofe des babylonischen Königs Nebukadnezar Dienst zu tun. Nebukadnezar hatte angeordnet, dass sie jeden Tag Speise und Wein von der königlichen Tafel bekämen. Daniel jedoch war entschlossen, sich nicht mit den Speisen und dem Wein des Königs zu verunreinigen, und bat seinen Aufseher um pflanzliche Kost. Jener aber fürchtete: »Der König könnte finden, dass ihr schlechter ausseht als die anderen jungen Leute am Hof, und das würde mich den Kopf kosten.« Da sagte Daniel zu dem Mann: »Versuch es doch einmal zehn Tage lang ... Lass uns nur pflanzliche Nahrung zu essen und Wasser zu trinken geben. Dann vergleiche unser Aussehen mit dem der jungen Leute, die von den Speisen des Königs essen.« Der Aufseher machte mit ihnen die zehntägige Probe. Am Ende der zehn Tage sahen sie besser und wohlgenährter aus als all die jungen Leute, die von den Speisen des Königs aßen.

1. Buch Daniel, Kapitel 1

»Daniel in der Löwengrube« – vielleicht haben Sie den Ausdruck schon einmal gehört. Um genau diesen Daniel handelt es sich hier. Als er eines Tages fünf Löwen zum Fraß vorgeworfen wurde, weil er seinem Glauben nicht abschwören wollte, rührten diese den Vegetarier nicht an. Gottvertrauen, so heißt es, habe Daniel gerettet. Vielleicht jedoch bestand er den Fleischfressern auch nur aus zu viel Gemüse. Womit zumindest in einem Fall bewiesen wäre, dass Diäten sich lebensverlängernd auswirken können.

Wenn also Daniel und seine Freunde schon nach zehn Tagen besser aussahen als alle anderen: Warum es nicht auch einmal mit einer vegetarischen Diät versuchen? Zumal wir heute über eine Fülle gesunder Köstlichkeiten verfügen, von der man am Hofe König Nebukadnezars nur träumen konnte.

Aufs Abnehmen haben wir unser Hauptaugenmerk allerdings nicht gerichtet, als wir »Daniels Zehn-Tage-Diät« zusammenstellten – auch wenn ein paar Pfunde purzeln mögen. In erster Linie geht es um genießerisches Wohlbefinden, um straffe Haut, um frisches Aussehen. Und darum, dass sich kein Löwenhunger einstellt.

Falls der Erfolg kiloweise sichtbar werden soll, empfehlen wir, zusätzlich unsere »Zehn Gebote zum Abnehmen« (Seite 94 – 95) sorgfältig zu beachten.

Auf den folgenden Seiten finden Sie pro Tag drei Hauptmahlzeiten. Und da man tagsüber möglichst fünfmal etwas zu sich nehmen sollte, stellen wir Ihnen auf den Seiten 92 – 93 einige leichte Obstspeisen und Getränke mit Gemüse oder Früchten für kleine Zwischenmahlzeiten vor.

Angelegt ist Daniels Diät für zwei Personen. Erstens, weil man's alleine oft nicht schafft, und zweitens, weil dann auch Daniela davon profitieren kann.

Daniels Zehn-Tage-Diät – 1. Tag

Für 2 Personen

Am Morgen

knusper-müsli mit beeren

100 ml Milch (1,5 % Fett)
200 g Beeren der Saison
(ersatzweise Tiefkühlbeeren)
100 g Knusper-Müsli
(aus dem Reformhaus mit wenig Zucker)

Milch etwas erwärmen. Beeren waschen bzw. Tiefkühl-beeren auftauen (z. B. in der Mikrowelle). Knusper-Müsli in eine Schüssel geben. Lauwarme Milch darü-ber gießen und 10 Minuten ziehen lassen. Dann die Beeren untermischen und servieren.

Zu Mittag

marinierter spargel mit pinien-polenta

400 g grüner Spargel
2 EL Olivenöl
2 TL Balsamico-Essig
1 TL mittelscharfer Senf
1 EL gehackte glatte Petersilie

für die pinien-polenta

100 g Pinienkerne
2 EL Olivenöl
Salz
500 g Instant-Polenta
Salz, Pfeffer, Muskat
(Menge reicht auch für die anderen Tage)

1. Für die Polenta Pinienkerne in einer beschichteten Pfanne leicht anbräunen, zur Seite stellen und salzen. Instant-Polenta nach Packungsangabe zubereiten. Zum Schluss die gerösteten Pinienkerne unterrühren. Vom Herd nehmen und zugedeckt quellen lassen.

Sobald sich die Polenta-Masse ein wenig abgekühlt hat, auf eine Platte geben. Hände mit kaltem Wasser benetzen und aus der Masse einen Laib formen. Ruhen lassen.
2. Vor dem Servieren das restliche Olivenöl erhitzen. Von dem Polenta-Laib 2 Schnitten abschneiden und in dem heißen Öl goldbraun rösten. Rest des Polenta-Laibes mit Folie abgedeckt in den Kühlschrank stellen.
3. Die unteren harten Teile des Spargels abschneiden. In kochendes Salzwasser geben und ca. 6 Minuten kochen lassen, sodass er noch Biss hat. Herausneh-men und auf eine Platte legen.
4. Aus Öl, Essig, Senf und der gehackten Petersilie eine Marinade anrühren. Über den lauwarmen Spar-gel geben. Zusammen mit den gebratenen Polenta-Schnitten servieren.

Am Abend

kräuterquark-brot

200 g Magerquark
2 EL Milch (1,5 % Fett)
2 TL gehackte Zitronenmelisse
2 TL gehackte glatte Petersilie
2 Scheiben Vollkornbrot

Quark, Milch und die Kräuter verrühren. Auf die bei-den Brotscheiben verteilen.

Daniels Zehn-Tage-Diät – 2. Tag

Für 2 Personen

Am Morgen

melonen-joghurt mit mandelblättchen

2 EL Mandelblätter
½ Honigmelone
400 g Magermilch-Joghurt

Mandelblätter in einer beschichteten Pfanne anrösten. Honigmelone schälen, entkernen und in kleine Würfel schneiden. Mit dem Joghurt vermengen. In zwei kleine Schüsseln geben und mit den Mandelblättern bestreuen.

Zu Mittag

geschmorter fenchel

3 große Fenchelknollen
2 EL Olivenöl
100 ml Milch
100 ml trockener Weißwein
10 schwarze Oliven
Saft von ½ Zitrone
1 EL Honig
Salz, Pfeffer
1 EL gehackte glatte Petersilie
2 Vollkornbrötchen

1. Fenchel putzen, in Hälften schneiden und harte Strünke entfernen. In einer beschichteten Pfanne im Öl kurz andünsten. Mit Milch und Weißwein ablöschen. Oliven entkernen und klein schneiden. Zum Fenchel geben und alles zugedeckt 20 – 30 Minuten bei geringer Hitze schmoren lassen. Mit Zitronensaft, Honig, Salz und Pfeffer abschmecken.
2. Auf zwei Teller je drei Fenchel-Hälften geben, mit Petersilie bestreuen und mit je einem Vollkornbrötchen servieren.

Am Abend

kalter couscous

50 g Instant-Couscous
1 Selleriestange
200 g Zuckerschoten
1 EL gehackte glatte Petersilie
1 EL gehackte Walnüsse
2 EL Olivenöl
Saft von ½ Zitrone
Salz, Pfeffer

Instant-Couscous nach Packungsangabe zubereiten. Selleriestange klein schneiden. In kochendem Wasser zusammen mit den Zuckerschoten 5 Minuten garen und dann abgießen. In eine Schüssel geben und mit Couscous, Petersilie, Walnüssen, Öl und Zitronensaft vermengen. Mit Salz und Pfeffer abschmecken und vor dem Servieren etwa 10 Minuten ziehen lassen.

Daniels Zehn-Tage-Diät – 3. Tag

Für 2 Personen

Am Morgen

vollkorn-Brötchen mit quark
2 Vollkornbrötchen
150 g Magerquark
4 TL Konfitüre nach Wahl

Brötchen halbieren. Quark auf die Brötchenhälften streichen und darauf je 1 TL Konfitüre geben.

Zu Mittag

polenta-würfel mit spinat-haselnuss-pesto
400 g Blattspinat (evtl. Tiefkühlware)
2 Knoblauchzehen
50 g Haselnüsse
4 EL Olivenöl
Salz, Pfeffer
Pinien-Polenta vom 1. Tag (Seite 82)
Olivenöl zum Braten
2 EL geriebener Parmesan
Balsamico-Essig nach Wunsch

1. Für die Pesto den frischen Spinat waschen, putzen und 2 Minuten blanchieren bzw. den Tiefkühlspinat auftauen (z. B. in der Mikrowelle). Zusammen mit Knoblauch, Haselnüssen, Olivenöl, Salz und Pfeffer in eine Küchenmaschine geben und zu einem Mus zerhacken.
2. Von der Pinien-Polenta drei ca. 1 cm dicke Scheiben ab- und diese dann in Würfelform schneiden. In einer beschichteten Pfanne im Öl rundherum anbraten. In eine Schüssel geben, mit der Pesto vermengen und auf zwei Teller verteilen. Mit dem Parmesan bestreuen. Wer mag, kann das Gericht mit ein paar Tropfen Balsamico-Essig veredeln.

Am Abend

rote-Bete-carpaccio mit schafskäse
6 Rote Bete
100 g Feta-Käse (fester Schafskäse)
1 EL Olivenöl
1 EL Balsamico-Essig
1 EL gehackte Zitronenmelisse
Salz, Pfeffer

Rote Bete mit der Schale weich kochen. Feta-Käse mit einem Messer grob hacken. Rote Bete schälen und in feine Scheiben schneiden (am besten mit einem Trüffelhobel). Auf zwei Teller verteilen. Mit Öl und Essig beträufeln. Feta-Stückchen darüber geben und mit Salz und Pfeffer abschmecken. Vor dem Servieren mit etwas Zitronenmelisse bestreuen.

Daniels Zehn-Tage-Diät – 4. Tag

Für 2 Personen

Am Morgen

Nuss-Müsli mit Preiselbeeren
50 g gehackte Walnüsse
2 EL Preiselbeeren (aus dem Glas)
100 g Haferflocken
300 g Magermilch-Joghurt

In einer Schüssel Walnüsse, Preiselbeeren, Haferflocken und Joghurt vermengen. Vor dem Servieren ca. 10 Minuten ziehen lassen.

Zu Mittag

Zucchini-Gratin
6 mittelgroße Zucchini
2 EL Olivenöl
6 Artischockenherzen (aus dem Glas)
3 Knoblauchzehen
1 EL schwarze Olivenpaste
Saft von ½ Zitrone
Salz, Pfeffer
1 Kugel Mozzarella (125 g)
1 EL Semmelbrösel

1. Zucchini längs in 1 cm dicke Streifen schneiden. In einer Grillpfanne das Gemüse im Öl braten. Backofen auf 250 Grad (Gas: Stufe 5) vorheizen.
2. Die Artischockenherzen abtropfen lassen. Knoblauchzehen schälen. Zusammen mit Olivenpaste und Zitronensaft in einer Küchenmaschine zu einem Mus verarbeiten. Mozzarella in Scheiben schneiden.
3. Gebratene Zucchinischeiben in eine feuerfeste Form geben und mit dem Mus bestreichen. Mozzarella-Scheiben darauf legen und mit den Semmelbröseln bestreuen. Ca. 15 Minuten im Ofen gratinieren.

Am Abend

Ananas pikant
1 Ananas
1 TL grob gemahlener schwarzer Pfeffer

Ananas schälen und den Strunk herausschneiden. In mundgerechte Stücke schneiden. Mit dem Pfeffer vermengen, kurz ziehen lassen und servieren.

Daniels Zehn-Tage-Diät – 5. Tag

Für 2 Personen

Am Morgen

Honig-Brot
2 Scheiben Vollkornbrot
150 g Magerquark
2 EL Honig

Quark etwas aufschlagen und auf die beiden Brotscheiben verteilen. Je 1 EL Honig darüber träufeln.

Zu Mittag

Grünes Ratatouille
1 Kohlrabi
1 Zucchini
1 Bund Frühlingszwiebeln
6 grüne Spargelstangen
2 EL Olivenöl
100 g tiefgekühlte Erbsen
100 ml Weißwein
100 ml Gemüsebrühe (Instant)
Salz, Pfeffer
2 EL gehackte Minze
Saft von ½ Zitrone

Kohlrabi schälen und in Stifte schneiden. Zucchini in Scheiben schneiden. Frühlingszwiebeln und grünen Spargel putzen und in ca. 4 cm lange Stücke teilen. In einer beschichteten Pfanne das Öl erhitzen. Nacheinander Spargel, Kohlrabi, Lauchzwiebeln, Zucchini und Erbsen andünsten. Mit Weißwein und Gemüsebrühe ablöschen, salzen und pfeffern. 10 Minuten bei geringer Hitze zugedeckt garen lassen. Kurz vor dem Servieren Minze und Zitronensaft untermengen.

Am Abend

Röst-Polenta mit Artischocken
10 Artischockenherzen (aus dem Glas)
1 EL Balsamico-Essig
1 EL Schnittlauchröllchen
Salz, Pfeffer
Pinien-Polenta vom 1. Tag (Seite 82)
1 EL Olivenöl

In einer Schüssel die Artischockenherzen mit dem Balsamico-Essig und dem Schnittlauch vermengen. Salzen und pfeffern. Von dem Polenta-Laib 2 Scheiben abschneiden und in einer beschichteten Pfanne im Öl anrösten. Auf je einem Teller 1 gebratene Polenta-Scheibe und 5 marinierte Artischockenherzen anrichten.

Daniels Zehn-Tage-Diät – 6. Tag

Für 2 Personen

Am Morgen

„manghurt"-müsli

1 Mango
100 g Haferflocken
200 g Magermilch-Joghurt
4 EL Milch (1,5 % Fett)

Mango schälen. Das Fruchtfleisch vom Kern lösen und möglichst fein hacken. Zusammen mit Haferflocken, Joghurt und der Milch vermengen. Vor dem Servieren 10 Minuten ziehen lassen.

Zu Mittag

halloumi mit Rettich & Rucola

1 weißer Rettich
50 g Rucola
2 EL Olivenöl
Saft von 1 Zitrone
Salz, Pfeffer
1 Paket Halloumi
(250 g; halbfester zypriotischer Schnittkäse)
Öl zum Braten
1 EL Schnittlauchröllchen

1. Rettich gut waschen oder schälen. In feine Scheiben hobeln, salzen und ziehen lassen. Dann das ausgetretene Wasser abschütten.
2. Rucola waschen und trocken schleudern. Olivenöl und Zitronensaft verrühren. Mit Salz und Pfeffer abschmecken. Rettichscheiben, Rucola und Salatmarinade vermengen.
3. Den Käse in 6 Scheiben schneiden. Diese in einer beschichteten Pfanne in etwas Öl auf beiden Seiten anbraten. Zusammen mit dem Rettich-Rucola-Salat anrichten und mit Schnittlauch bestreuen.

Am Abend

gemüsesuppe

4 Möhren
1 Lauchstange
½ Sellerieknolle
1 Fenchelknolle
1 Zwiebel
1 EL Olivenöl
1 TL Gemüsebrühe (Instant)
Salz, Pfeffer
1 EL gehackte glatte Petersilie

1. Gemüse außer der Zwiebel putzen, waschen und klein schneiden. In einem Topf mit 1 l Wasser ansetzen, zum Kochen bringen und ca. 15 Minuten ziehen lassen.
2. Zwiebel abziehen, in Ringe schneiden und diese in einer Pfanne mit Öl anbräunen.
3. Instant-Gemüsebrühe und Pfeffer in die Suppe geben. Mit einem Handrührstab die Suppe kurz pürieren, sodass sie sämig wird. Geröstete Zwiebel dazugeben und mit Petersilie bestreuen.

Daniels Zehn-Tage-Diät – 7. Tag

Für 2 Personen

Am Morgen

knusper-müsli mit äpfeln
100 ml Milch (1,5 % Fett)
2 Äpfel
100 g Knusper-Müsli
(aus dem Reformhaus mit wenig Zucker)
½ TL Zimt

Milch etwas erwärmen. Knusper-Müsli in eine Schüssel geben. Lauwarme Milch darüber gießen. 10 Minuten ziehen lassen. Äpfel schälen, entkernen und grob raspeln. Geraspelte Äpfel und Zimt unter das Müsli mischen.

Zu Mittag

apfel-zwiebeln mit feta-gratin
2 große Gemüsezwiebeln
2 Äpfel
½ l Apfelsaft
Saft von ½ Zitrone
1 EL Honig
1 Prise Nelkenpulver
Salz, Pfeffer
100 g Schafskäse
50 g Pinienkerne

1. Zwiebeln abziehen und in grobe Spalten schneiden. Äpfel schälen, entkernen und in Spalten schneiden. Apfelsaft in einem Topf aufkochen lassen. Zwiebeln und Apfelspalten dazugeben. Mit Zitronensaft, Honig, Nelkenpulver, Salz und Pfeffer abschmecken.
2. Backofen auf 250 Grad (Gas: Stufe 5) vorheizen. Schafskäse klein hacken. Zwiebel-Apfel-Mischung einkochen lassen, bis fast die gesamte Flüssigkeit verdampft ist. In eine feuerfeste Form geben. Den Schafskäse darauf verteilen und mit den Pinienkernen bestreuen. Im Backofen ca. 15 Minuten überbacken.

Am Abend

fenchel-orangen-salat
1 Fenchelknolle
2 Orangen
100 g Erdbeeren
100 g saure Sahne
Saft von ½ Zitrone
1 EL Honig
100 g geröstete Mandeln

Fenchel waschen, putzen und auf einem Gurkenhobel dünn hobeln. Orangen schälen, die Filets aus den Häutchen lösen und mit dem Saft in eine Schüssel geben. Erdbeeren waschen, putzen und in Hälften schneiden. Fenchel, Orangensaft sowie -filets und Erdbeeren in einer Schüssel vermischen. Saure Sahne, Zitronensaft und Honig verrühren und darüber geben. Mit den gerösteten Mandeln bestreuen.

Daniels Zehn-Tage-Diät – 8. Tag

Für 2 Personen

Am Morgen

gurken-brot
½ Salatgurke
100 g Frischkäse
1 Prise Salz
2 Scheiben Vollkornbrot

Salatgurke schälen, längs halbieren, Kerne herauskratzen und das Fleisch würfeln. Mit dem Frischkäse vermengen, salzen und auf die Brotscheiben streichen.

Zu Mittag

gefüllte auberginen
2 Auberginen
Saft von 1 Zitrone
1 Bund Frühlingszwiebeln
1 Sellerieknolle
100 g gegarte Linsen
1 Ei
1 Prise Kreuzkümmel
Salz, Pfeffer
100 g Scamorza (geräucherter Mozzarella)
Öl fürs Backblech

1. Auberginen in Hälften schneiden, aushöhlen und mit Zitronensaft beträufeln. Backofen auf 250 Grad (Gas: Stufe 5) vorheizen.
2. Für die Füllung Frühlingszwiebeln putzen und in feine Ringe schneiden. Sellerieknolle schälen und fein raspeln. In einer Schüssel mit Linsen, Ei, Kreuzkümmel, Salz und Pfeffer vermischen. Füllung in die vier Auberginen-Hälften geben.
3. Scamorza in Scheiben schneiden. Backblech mit Olivenöl einpinseln. Die gefüllten Auberginen-Hälften darauf legen, mit den Käsescheiben belegen und im Backofen knusprig-braun überbacken.

Am Abend

brot mit avocado-creme
1 Avocado
Saft von ½ Zitrone
2 TL Olivenöl
2 Knoblauchzehen
2 Scheiben Vollkornbrot

Die Avocado teilen, Stein entfernen und das Fleisch mit einem Löffel herauskratzen. In einer kleinen Schüssel Avocado, Zitronensaft, Olivenöl und durchgepresste Knoblauchzehen vermengen. Die Masse auf die beiden Brotscheiben verteilen.

Daniels Zehn-Tage-Diät – 9. Tag

Für 2 Personen

Am Morgen

Dattel-Feigen-Brötchen

3 getrocknete Datteln
½ TL gemahlener Zimt
100 g Hüttenkäse
2 frische Feigen
2 Vollkornbrötchen

Datteln entkernen und klein schneiden. Mit dem Zimt unter den Hüttenkäse mengen. Brötchen in Hälften schneiden. Feigen in Scheiben schneiden. Frischkäse-Mischung auf die Brötchen geben und mit den Feigenscheiben fächerartig belegen.

Zu Mittag

gefüllte Mangoldröllchen

500 g Mangold
1 Zwiebel
2 EL Olivenöl
50 g Frischkäse
50 g Magerquark
50 g geriebener Pecorino
1 Ei
abgeriebene Schale von 1 Zitrone
2 EL Schnittlauchröllchen
Salz, Pfeffer
4 EL Schlagsahne
50 ml trockener Weißwein

1. Mangold waschen und Stiele entfernen. Blätter in Salzwasser kurz aufkochen lassen. Herausnehmen und in kaltem Wasser abschrecken. Mangoldstiele klein schneiden.
2. Zwiebel abziehen, fein würfeln und in 1 EL Olivenöl zusammen mit den Mangoldstielen andünsten.

3. Frischkäse, Magerquark, Pecorino, Ei, Zitronenschale und Schnittlauchröllchen verrühren. Mit Salz und Pfeffer abschmecken. Gedünstete Zwiebel und Mangoldstiele dazugeben.
4. Etwa 2 TL Füllung auf je ein Mangoldblatt geben und zusammenrollen (ergibt ca. 8 Röllchen).
5. In einer Pfanne restliches Olivenöl, Schlagsahne und Weißwein aufkochen lassen. Röllchen hineinlegen und zugedeckt 12 – 15 Minuten ziehen lassen. Mit Salz und Pfeffer abschmecken.

Am Abend

Brokkoli-Buttermilch-Creme

300 g Brokkoli
1 Zwiebel
2 Knoblauchzehen
1 EL Mandelblätter
1 EL Olivenöl
300 ml Buttermilch
100 ml Gemüsebrühe (Instant)
Saft von ½ Zitrone
Salz, Pfeffer, Muskat

1. Brokkoli in Röschen teilen und in Salzwasser weich kochen. Zwiebel und Knoblauch abziehen und fein würfeln. Mandelblätter in einer beschichteten Pfanne rösten.
2. In einem Topf Zwiebel und Knoblauch im Öl andünsten. Buttermilch und Gemüsebrühe dazugießen und aufkochen lassen. Brokkoliröschen und Zitronensaft dazugeben. Salzen und pfeffern. Mit einem Pürierstab die Suppe cremig rühren. In Suppenteller geben und mit gerösteten Mandelblättern bestreuen.

Daniels Zehn-Tage-Diät – 10. Tag

Für 2 Personen

Am Morgen

Mohn-Pflaumen-Brötchen

100 g Frischkäse
100 g Pflaumen (aus dem Glas)
2 Mohnbrötchen
1 Prise Zimt

Brötchen in Hälften schneiden, mit Frischkäse bestreichen und die Pflaumen darauf legen. Mit Zimt würzen.

Zu Mittag

Crêpes mit Pilz-Walnuss-Füllung

Für die Crêpes:
⅛ l Milch
1 Ei
75 g Mehl
2 EL Mineralwasser
Salz
Butterschmalz zum Backen

Für die Füllung:
1 Zwiebel
200 g Pilze (Pfifferlinge oder Champignons)
1 EL Olivenöl
3 EL Rotwein
1 EL Balsamico-Essig
2 EL gehackte Walnüsse
1 EL gehackte glatte Petersilie
Salz, Pfeffer

1 Kugel Mozzarella

1. Für die Crêpes die Zutaten zu einem flüssigen Teig verrühren. Ca. 30 Minuten ruhen lassen.
2. In einer beschichten Pfanne im Butterschmalz 6 – 8 dünne Crêpes backen. Warm stellen.

3. Für die Füllung Zwiebel abziehen und klein würfeln. Pilze putzen und in feine Scheiben schneiden. In einer Pfanne im Olivenöl die Zwiebeln anbraten, Pilze dazugeben und leicht bräunen. Mit Rotwein und Balsamico-Essig ablöschen. Walnüsse und Petersilie dazugeben und mit Salz und Pfeffer abschmecken.
4. Backofen auf 250 Grad (Gas: Stufe 5) vorheizen. Mozzarella in Scheiben schneiden. Nun je 1 EL Füllung in die Mitte eines Crêpes geben. Jeweils zu einem Viertel zusammenfalten, in eine feuerfeste Form legen, mit den Mozzarellascheiben belegen und im Ofen goldbraun überbacken.

Am Abend

Belohnungs-Schokolade

2 Tafeln Schokolade nach Wahl

Als Abschluss von Daniels Zehn-Tage-Diät gibt es eine kleine Leckerei zur Belohnung: 1 Tafel Schokolade frei nach Wahl.

Zwischenmahlzeiten für Daniels Zehn-Tage-Diät

Als Ergänzung zu den vegetarischen Diät-Gerichten und für den kleinen Hunger zwischendurch stellen wir Ihnen im Folgenden einige vitaminreiche Zwischenmahlzeiten vor, aus denen pro Tag zwei ausgewählt werden dürfen. All jene, die nicht so viel Zeit haben oder unterwegs sind, können natürlich auch Obst oder Gemüse pur essen.

Kleine Obstspeisen

gefüllte äpfel

2 EL Magerquark
Saft von ½ Zitrone
1 TL gehackte Haselnüsse
1 TL Honig
2 Äpfel (Braeburn)

Quark, Zitronensaft, Haselnüsse und Honig verrühren. Äpfel schälen, halbieren und das Kerngehäuse mit einem Löffel ausheben. Die Vertiefung mit der Quarkmasse füllen.

erdbeer-quark

100 g Erdbeeren
200 g Magerquark
1 EL Milch (1,5 % Fett)

Erdbeeren putzen, waschen und mit einer Gabel zerdrücken. Zusammen mit Quark und Milch verrühren.

ananas-joghurt

½ frische Ananas
300 g Magermilch-Joghurt

Ananas schälen und den Strunk entfernen. Das Fruchtfleisch in kleine Stücke schneiden und unter den Joghurt heben.

fixer melonen-salat

½ Honigmelone
1 EL gehackte Haselnüsse
Saft von 1 Orange, 1 EL Honig

Honigmelone schälen und in kleine Würfel schneiden. Haselnüsse darüber streuen. Orangensaft und Honig verrühren. Über den Salat geben und vermengen. Vor dem Servieren 5 Minuten ziehen lassen.

Getränke mit Gemüse oder Früchten

sauerkraut-drink

½ l Sauerkrautsaft (aus dem Reformhaus)
2 EL Honig

Sauerkrautsaft mit dem Honig verrühren und in zwei Gläser füllen.

sellerie-möhren-drink

2 Möhren
½ l Selleriesaft (aus dem Reformhaus)

Möhren fein raspeln, zusammen mit dem Selleriesaft in einen Mixer geben und kurz durchmixen.

erdbeer-bananen-shake

100 g Erdbeeren
1 große Banane
300 ml Milch (1,5 % Fett)

Erdbeeren waschen. Banane schälen und in kleine Stücke schneiden. Alles zusammen mit der Milch in einen Mixer geben und kurz durchmixen. Sofort servieren.

Orangen-Mango-Saft

4 Orangen
1 reife Mango

Orangen auspressen. Mango schälen und das Frucht-fleisch in kleine Stücke schneiden. Orangensaft und Mango in einen Mixer geben und kurz durchmixen.

Aprikosen-Kirsch-Saft

1 Dose Aprikosen (Einwaage 250 g)
2 EL Schattenmorellen ohne Stein (aus dem Glas)
2 Minzblätter

Aprikosen samt Saft, Schattenmorellen und Minzblät-tern in einen Mixer geben und kurz durchmixen.

Zitrus-Shake

7 Orangen
Saft von 1 Zitrone
1 EL Honig

6 Orangen auspressen. 1 Orange schälen, das Frucht-fleisch aus den Häutchen lösen und klein schneiden. In einem Krug Orangensaft und -fleisch, Zitronensaft und Honig verrühren. In Gläser füllen.

Vanille-Minz-Shake

1 Vanillestange
½ l Buttermilch
6 Minzblätter
abgeriebene Schale von ½ Zitrone

Vanillestange aufschneiden und das Mark herauskrat-zen. Buttermilch in einen Mixer gießen. Minze, Zitro-nenschale und Vanillemark dazugeben und alles kurz durchmixen. In zwei Gläser füllen.

Pfirsich-Zitrus-Shake

4 reife Pfirsiche oder Nektarinen
Saft von 1 Zitrone
1 EL Honig
½ l Milch (1,5 % Fett)

Früchte schälen und das Fleisch in Stücke schneiden. Mit Zitronensaft, Honig und Milch in einen Mixer geben und kurz durchmixen.

Die zehn Gebote zur Diät

1. Gebot

Bitte viel trinken!
Sie sollten jeden Tag mindestens 1,5 – 2,5 Liter Mineralwasser trinken. Das entschlackt und hält die Nieren auf Trab. Zum Frühstück und am Nachmittag ist je 1 Tasse Kaffee erlaubt. Wer während des Tages Fruchtsäfte trinken möchte, sollte auf den Zuckergehalt achten. Abends ein Glas Rotwein ist in Ordnung — aber bitte nur eines. Merke: Alkohol in Mengen ist Sünde!

2. Gebot

Am besten mit Partner!
Es ist immer schwerer, eine Diät allein durchzuziehen. Beim eigenbrötlerischen Kasteien kommt keine rechte Freude auf, weshalb es meist schief geht. Mehr Spaß macht es einfach mit einem Partner. So kann man gemeinsam kochen, gemeinsam genießen und auch gemeinsam abnehmen. Schließlich waren Sie beim Zunehmen ja auch nicht immer allein — oder?

3. Gebot

Tierische Fette meiden!
Butter, Wurst, fette Käsesorten — vergessen Sie am besten, dass es diese Lebensmittel gibt. Sie füttern die Fettzellen in Ihrem Körper an und sind nur schwer verdaulich. Greifen Sie lieber zu ungesättigten Fetten wie Olivenöl. Da freut sich Ihr Organismus und es lässt sich auch wunderbar damit kochen.

4. Gebot

Beim Kochen und Genießen Zeit lassen!
In der Ruhe liegt die Kraft. Dies gilt auch für Daniels Diät. Denn nur wer sich wirklich auf seine Ernährung konzentriert und sich beim Kochen und Genießen ausgiebig Zeit lässt, dem wird diese Diät richtig gut tun. Alte Faustregel, die der junge Daniel bei den Löwen abgeschaut hat: Jeden Bissen mindestens zwanzigmal kauen.

5. Gebot

Bewegung ist wichtig!
Ob Joggen, Wandern, Radfahren oder Schwimmen: „Hauptsache Bewegung" heißt die Devise. Denn wer lediglich seine Ernährung umstellt, wird nicht den gewünschten Erfolg erreichen. Sie müssen Ihr Blut aktiv in Wallung bringen. Also: Schön gemütlich anfangen und dann sukzessive steigern.

6. Gebot

Auf gesunden Schlaf achten!
Ihr Körper ist ein komplexes System. Und er fühlt sich nur dann rundherum wohl, wenn Ernährung, Bewegung und Schlaf miteinander in Einklang sind. Darum sollten Sie insbesondere während der Diät darauf achten, dass Sie viel und ruhig schlafen. Unser einfacher Tipp: Nehmen Sie Urlaub und Sie können in aller Ruhe abnehmen.

7. Gebot

Beim Einkaufen nicht schwach werden!
Die Verführungen lauern im Supermarkt. Jedes Regal bietet die verschiedensten Leckereien an. Ach wie gern würde man da mal wieder zugreifen … Damit Sie beim Einkaufen den Versuchungen nicht anheim fallen, einfach zu Hause eine Liste schreiben, den Einkaufswagen schnappen und stur an den Diät-Fahrplan halten.

8. Gebot

Bitte kein Stress!
Daniels Diät soll Ihnen Freude machen. Darum setzen Sie sich keinem unnötigen Stress aus. Vermeiden Sie illusorische Schlankheitsziele. Freuen Sie sich einfach, wenn Sie sich von Tag zu Tag wohler in Ihrer Haut fühlen. Wichtig ist auch der Zeitpunkt, an dem Sie die Diät beginnen: Warten andere wichtige Termine auf Sie, verschieben Sie die Diät lieber auf später.

9. Gebot

Machen Sie es sich schön!
Auch während Daniels Diät sollte man immer daran denken: Das Auge isst mit. Gerade wenn man weniger und dafür aber bewusster isst, sollte man auf ein schönes Ambiente achten. Richten Sie die Mahlzeiten auf Ihrem Lieblingsgeschirr an, hören Sie zum Essen Ihre Lieblingsmusik, sorgen Sie mit Kerzenlicht für eine entspannte Atmosphäre – und schalten Sie im Kopf alle unschönen Gedanken aus.

10. Gebot

Belohnen und bewähren!
Wir alle brauchen Streicheleinheiten. Darum sollten Sie sich auch ein wenig belohnen, wenn sie Daniels Diät genossen haben. Kochen Sie sich also am 11. Tag ruhig mal wieder Ihr Lieblingsgericht. Freuen Sie sich darauf. Und wenn Sie hinterher überzeugt sind, weitere zehn Tage in Daniels Sinne zu leben, dann hat sich Ihre Disziplin bewährt – und Sie sind auf dem richtigen Weg.

JESUS VERWANDELT WASSER IN WEIN – UND WAS GAB'S ZU ESSEN?

Zu Kana in Galiläa fand im Hause des reichsten Mannes eine Hochzeit statt, zu der auch Jesus und seine Jünger eingeladen waren. Als der Wein ausging, forderte Jesus die Diener auf, sechs Krüge, die im Raume standen und von denen ein jeder hundert Liter fasste, mit Wasser zu füllen. Sodann sagte er zu ihnen: »Schöpft jetzt und bringt es dem, der für das Festmahl verantwortlich ist.« Sie brachten es dem Mann, der für die Speisen und Getränke zuständig war, und jener kostete von dem Wasser, das zu Wein geworden war. Er wusste nicht, woher der Wein kam; die Diener aber, die das Wasser geschöpft hatten, wussten es. Da ließ er den Bräutigam rufen und sagte zu ihm: »Jeder setzt zuerst den guten Wein vor und erst wenn die Gäste zu viel getrunken haben, den weniger guten. Du jedoch hast den guten Wein bis jetzt zurückgehalten.« So tat Jesus sein erstes Wunder in Kana in Galiläa und offenbarte seine Herrlichkeit, und seine Jünger glaubten an ihn.

Johannes 2, Kapitel 1-11

Knapp sechshundert Jahre sind seit Daniels Diät am Hofe Nebukadnezars (605 – 562 v. Chr.) vergangen und wir befinden uns im Neuen Testament. Das heißt aber keineswegs, dass wir es nun auch mit der Nouvelle Cuisine zu tun bekommen.

Bevor wir uns jedoch mit dem Essen auf der Hochzeit zu Kana beschäftigen, noch einmal zu dem Wasser, das Jesus in Wein verwandelte. Warum tat er das überhaupt? Und dann gleich 600 Liter!

Wollte Jesus wirklich nur sein erstes Wunder tun, um den Jüngern seine Herrlichkeit zu zeigen? Oder feierte er manchmal auch gern mit ihnen und war gar nicht so ernst und traurig, wie er uns seit zweitausend Jahren auf Bildern und in Kirchen anschaut?

Immerhin hatte der reichste Mann von Kana zur Hochzeit eingeladen. Wieso geht so einem der Wein aus? Nur, weil auch Jesus und seine Jünger gekommen waren? Wir wissen es nicht. Doch falls es so war, hat der Herr es mit seinem Wunder ja wieder gutgemacht – und alle konnten weiterfeiern.

Was es auf dem Fest von Kana genau zu essen gab, erwähnt Jesus-Jünger Johannes in seinem Evangelium nicht. Wir haben ein Menü zusammengestellt, das allen zur Nachahmung empfohlen sei, die es wagen, sich trauen zu lassen. Und auch der Pfarrer wird sein Jawort geben, wenn er davon hört und eingeladen wird.

Vorspeise

Crêpes mit Pilzen und Nüssen

Für 4 Personen

Zutaten

Für die Crêpes
3 Eier
¼ l Milch
100 g Mehl
1 Schuss Mineralwasser
Salz
Butterschmalz zum Backen

Für die Füllung
300 g Pilze (frische Steinpilze, Pfifferlinge oder
Champignons)
1 Zwiebel
1 Knoblauchzehe
½ Bund glatte Petersilie
30 g Butter
1 TL Mehl
200 g Schlagsahne
50 g Walnusshälften
Salz, Pfeffer
Saft von ½ Zitrone

50 g geriebener Pecorino
Butterflöckchen zum Überbacken

Zubereitung der Crêpes
1. In einer Schüssel mit dem Schneebesen aus Eiern, Milch, Mehl, Mineralwasser und 1 Prise Salz einen dünnflüssigen Teig anrühren. Ca. 30 Minuten ruhen lassen.

Zubereitung der Füllung
2. Die Pilze putzen und in feine Blättchen schneiden. Zwiebel abziehen und in kleine Würfel schneiden. Knoblauch schälen und zusammen mit der Petersilie fein hacken.
3. Zuerst die Zwiebelwürfel in der Butter glasig dünsten. Dann die fein geschnittenen Pilze, Knoblauch und Petersilie dazugeben. Ca. 5 Minuten dünsten. Mit dem Mehl bestäuben und mit Sahne ablöschen. Einkochen lassen. Dann die Walnusshälften hinzugeben und mit Salz, Pfeffer und Zitronensaft abschmecken.

Zum Schluss
4. Nacheinander in einer kleinen beschichteten Pfanne (Durchmesser 20 cm) 12 hauchdünne Crêpes im Butterschmalz backen.
5. Auf einer Arbeitsfläche die Crêpes füllen: In die Mitte jeweils eine Portion Füllung geben und zuerst auf die Hälfte und dann auf ein Viertel zusammenfalten.
6. Gefüllte Crêpes auf eine vorgewärmte Platte (oder ein Backblech) legen, mit Pecorino bestreuen und mit Butterflöckchen belegen. Im Backofen unter dem heißen Grill ca. 5 Minuten überbacken.

Hauptspeise

Zitronen-Hase mit Orangen-Kraut

Für 4 Personen

Zutaten

Für den Zitronen-Hasen

1 Stallhase (ca. 2 kg, vom Metzger ausnehmen lassen)
2 unbehandelte Zitronen
2 Knoblauchknollen
4 EL Olivenöl
1 großer Zweig Rosmarin
½ l Weißwein
100 ml Schlagsahne
Salz, Pfeffer

Für das Orangen-Kraut

1 Kopf Rotkohl
½ l frisch gepresster Orangensaft
½ l trockener Rotwein
Saft von ½ Zitrone
2 EL Zucker
½ TL gemahlener Zimt
1 EL Preiselbeeren
Salz, Muskat

Zubereitung des Zitronen-Hasen

1. Den Hasen waschen, trocken tupfen und in Stücke schneiden (Keule, Rücken, Vorderläufe). Zitronen in 1 cm dicke Scheiben schneiden. Knoblauchknollen in der Mitte quer halbieren, sodass die durchgeschnittenen Zehen eine Fläche bilden.
2. Backofen auf 160 Grad (Gas: Stufe 2) vorheizen. In einer großen Kasserolle auf der Herdplatte das Olivenöl erhitzen. Zuerst die Hasenstücke rundherum anbraten und herausnehmen. Dann die Knoblauchknollen an den Schnittflächen leicht anrösten. Nicht zu dunkel werden lassen, sonst wird der Knoblauch bitter! Zitronen, Hasenstücke und den Rosmarinzweig dazugeben.
3. Das Ganze zuerst mit dem Weißwein, dann mit der Sahne ablöschen, aufkochen lassen und mit Salz und Pfeffer abschmecken. Deckel auf die Kasserolle legen und den Hasen ca. 1½ Stunden im Backofen braten.
4. Fleisch herausnehmen und auf einer Platte warm stellen. Den Sud durch ein feines Sieb gießen. Die Knoblauchknollen und Zitronenscheiben fest auspressen und unterrühren. Die Sauce noch einmal in einem großen Topf aufkochen lassen, die Fleischteile dazugeben und bis zum Servieren warm stellen.

Zubereitung des Orangen-Krauts

5. Am Abend zuvor den Rotkohl in feine Streifen schneiden und in eine große Schüssel geben. Orangensaft, Rotwein und Zitronensaft miteinander verrühren und darüber gießen. Alles gut vermengen und über Nacht zum Marinieren in den Kühlschrank stellen.
6. 4 Stunden vor dem Essen in einem großen Topf den Zucker bei mittlerer Hitze karamelisieren lassen. Mit ¼ l Marinade ablöschen. Das abgetropfte Kraut dazugeben, mit Zimt, Preiselbeeren, Salz und Muskat abschmecken und zugedeckt ca. 40 Minuten dünsten lassen. Ab und zu umrühren, eventuell noch etwas Marinade dazugeben. Herd abstellen.
7. Das Orangen-Kraut kurz vor dem Essen erneut aufwärmen.

Servier-Tipp

Zu diesem wunderbaren Gericht mit seinem mediterranen Aroma passt schlichtes Weißbrot am besten. Getränke-Tipp: Champagner — schließlich wird ja geheiratet.

Übrigens ...

Keine Angst vor den Knoblauchknollen. Da sie in der Sauce verkochen, sorgen sie kaum für Mundgeruch, der ja bekanntlich in der Hochzeitsnacht lästig sein kann. Wer dagegen ankämpfen will, greift einfach zu einem alten Hausmittel und knabbert nach dem Essen ein paar Petersilienstängel.

Nachspeise

Hirse-Soufflé mit Vanille-Quark und Feigen

Für 4 Personen

Zutaten

Für das Soufflé
150 g Hirse
½ TL Salz
2 Eier
1 EL Honig
100 g gehackte Mandeln
Butter zum Einfetten der Auflaufform

Für den Quark
2 Vanilleschoten
250 g Quark (40 %)
2 TL brauner Zucker
125 ml Schlagsahne

500 g frische Feigen
4 TL Ahornsirup

Zitronenmelisse zum Garnieren

Zubereitung des Soufflés
1. Hirse unter heißem Wasser abwaschen. Dann in ½ l gesalzenem Wasser kurz aufkochen und 20 – 25 Minuten quellen lassen.
2. Eier trennen. Eigelbe und Honig unter die Hirse rühren. Mandeln in einer beschichteten Pfanne leicht anrösten und ebenfalls zur Hirse geben. Backofen auf 175 Grad (Gas: Stufe 2) vorheizen.
3. Eiweiße steif schlagen. Eine Hälfte mit dem Schneebesen unter die Hirse-Masse rühren, die andere Hälfte mit einem Spatel vorsichtig unterheben.
4. Eine flache Keramikform mit Butter einfetten. Die Masse einfüllen. Auf der mittleren Schiene ca. 30 Minuten backen.

Zum Schluss
5. Für den Quark das Mark der Vanilleschoten mit einem Messer herauskratzen. Mit dem Zucker unter den Quark mischen. Die Sahne dazugießen und so lange rühren, bis eine glatte Creme entsteht.
6. Die Feigen abziehen, vierteln und mit dem Ahornsirup vermengen.

Servier-Tipp
Den Vanille-Quark auf Teller geben, dann einen großen Löffel Soufflé darauf legen, die Feigen dazugeben und mit etwas Zitronenmelisse garnieren.

Übrigens ...
Statt frischer Feigen können Sie für dieses köstliche Dessert auch Pflaumen oder Pfirsich-Spalten verwenden.

WUNDERBARE JESUS-BURGER: VIER HITS FÜR KIDS

an einem abgelegenen Ort am See von Galiläa kam eine große Menschenmenge mit Gelähmten, Blinden, Stummen und vielen anderen Behinderten zu Jesus. Man legte sie vor seinen Füßen nieder und er heilte sie drei Tage lang. Da die Leute, die um ihn versammelt waren, nichts zu essen hatten, rief Jesus seine Jünger zu sich und sagte: »Ich habe Mitleid mit diesen Menschen; sie sind schon drei Tage hier und haben nichts mehr zu essen. Ich will sie nicht hungrig wegschicken, sonst brechen sie unterwegs zusammen.« Da sagten die Jünger zu ihm: »Wo sollen wir in dieser unbewohnten Gegend so viel Brot hernehmen, um so viele Menschen satt zu machen?« Jesus sagte zu ihnen: »Wie viele Brote habt ihr?« Sie antworteten: »Sieben – und noch ein paar Fische.« Da forderte er die Leute auf, sich auf den Boden zu setzen. Und er nahm die sieben Brote und die Fische, sprach das Dankgebet, brach die Brote und gab sie den Jüngern, und die Jünger verteilten sie an die Leute. Und alle aßen und wurden satt. Dann sammelte man die übrig gebliebenen Brotstücke ein, sieben Körbe voll. Es waren viertausend Männer, die an dem Mahl teilgenommen hatten ... dazu noch Frauen und Kinder.

matthäus, kapitel 15, 29–39

Kinder sind offenbar immer dabei, wenn Eltern auf Gottsuche gehen. Egal, ob bei der wunderbaren Brotvermehrung, bei Gurus in Indien oder auf Kirchentagen: Wenn Mama und Papa sich auf den Weg zur Erleuchtung machen, schleppen sie ihre Kids stets mit. Und die langweilen sich natürlich, weil es auf dem Weg keine Frittenbuden gibt.

Warum die Speisung der Viertausend also nicht zum Anlass nehmen, auch mal etwas Spezielles für Kinder zuzubereiten? Wir haben aus den Broten, die Jesus an die Gläubigen verteilte, vier Jesus-Burger (sprich: Dschisus-Börger) kreiert: je einen für die vier Evangelisten. Den »McMatt« für Matthäus, den »McMark« für Markus, den »McLucky« für Lukas und den »McJoe« für Johannes. Vielleicht wird es auf den nächsten Kirchentagen dann ja ein paar Burgerbuden geben und der Nachwuchs kann zum Himmel beten, dass er sich vom Geld der Eltern einen Jesus-Burger kaufen darf: »Lieber Gott, mach mich fromm, dass ich 'nen McMatt bekomm...«

Jesus-Burger, vegetarisch (McLucky)

Für 8 Stück

zutaten

100 g Buchweizen
2 Schalotten
½ Kopf Blumenkohl
1 große Selleriestange
100 g Champignons
1 Fenchelknolle
2 dicke Frühlingszwiebeln
8 grüne Oliven ohne Stein
3 EL Olivenöl
150 ml Milch
Salz
Pfeffer
100 g Pecorino
6 EL Semmelbrösel
2 Eier
1 – 2 EL Mehl

Erdnuss- oder Sonnenblumenöl zum Frittieren

8 Hamburger-Brötchen
(gibt es im Brotregal des Supermarkts; Alternative: klassische Brötchen oder Toastbrotscheiben)

vorbereitung

1. Buchweizen mit ca. 200 ml Wasser aufsetzen und aufkochen lassen. Dann den Herd abschalten und den Buchweizen im geschlossenen Topf ca. 30 Minuten ziehen lassen. Falls nötig, etwas Flüssigkeit nachgießen.
2. Für das Gemüsemus Schalotten abziehen und würfeln. Alle übrigen Gemüsesorten putzen, waschen und klein schneiden. In einer Pfanne das Öl erhitzen. Zuerst die Schalottenwürfel, dann die anderen Gemüsesorten in dem heißen Öl unter ständigem Rühren Farbe nehmen lassen. Milch angießen und bei geringer Hitze in ca. 15 Minuten alles weich köcheln lassen. Salzen und pfeffern. Das Gemüse zur Seite stellen und abkühlen lassen.

zubereitung

3. Pecorino in kleine Würfel schneiden. Zusammen mit dem geschmorten Gemüse in eine Küchenmaschine geben und mit dem Hackmesser auf höchster Stufe zu einem Mus verarbeiten.
4. In einer großen Schüssel den gegarten Buchweizen, das Gemüsemus, Semmelbrösel und Eier vermengen. 30 – 45 Minuten ziehen lassen. Ist die Konsistenz noch zu sämig, etwas Mehl dazugeben.
5. In einer Fritteuse das Öl auf 170 Grad erhitzen. Aus der Mischung mit feuchten Händen flache Frikadellen formen. Schwimmend im heißen Öl ausbacken, bis sie knusprig-braun sind. Auf Küchenkrepp entfetten. Bis zum Servieren im Backofen bei 70 Grad (Gas: Stufe 1) warm stellen.
6. Parallel dazu die Brötchenhälften anrösten. Wer keinen Grill hat, sollte eine Edelstahlpfanne nehmen und die Brötchen in ein wenig Öl rösten.

zum schluss

7. Burger auf den Brötchen mit den Zutaten Ihrer Wahl anrichten (siehe Seite 109). Unsere Empfehlung: Avocadocreme, marinierte Pilze, Salz-Zwiebeln und Senf.

übrigens ...

Die Zubereitung ist zugegebenermaßen etwas aufwändig. Gerade darum empfiehlt es sich, von diesem vegetarischen Burger gleich eine größere Menge zu bereiten. Sie lassen sich sehr gut einfrieren.

Jesus-Burger mit Lammhack (McJoe)

Für 8 Stück

zutaten

1 kg Lammhaxen-Scheiben
8 Oliven, mit Anchovis gefüllt
2 Brötchen vom Vortag
½ Bund glatte Petersilie
8 getrocknete Datteln
2 Eier
2 EL Magerquark
2 – 3 EL Semmelbrösel
1 Prise Kreuzkümmel
1 TL Kräuter der Provence
Salz, Pfeffer
2 Knoblauchzehen

8 Hamburger-Brötchen
(gibt es im Brotregal des Supermarkts; Alternative:
klassische Brötchen oder Toastbrotscheiben)

zubereitung

1. Fleisch der Lammhaxen-Scheiben von den Knochen ablösen, in kleine Würfel schneiden und mit den Oliven vermengen. Brötchen in Wasser kurz einweichen und ausdrücken. Petersilie fein hacken. Datteln klein schneiden. Zuerst das Fleisch mit den Oliven und dann die Brötchen durch den Wolf drehen.
2. In einer Schüssel die Fleisch-Brötchen-Masse mit Petersilie, Eiern, Quark, Semmelbröseln, Kreuzkümmel, Kräutern der Provence, Datteln, Salz, Pfeffer und durchgepresstem Knoblauch vermengen. Ca. 30 Minuten ruhen lassen. Sollte die Masse zu feucht sein, etwas Semmelbrösel dazugeben.
3. Aus der Fleischmasse acht gleich große Kugeln formen und diese platt drücken. Dann am besten auf einem Grill die Burger kurz braten, damit sie saftig bleiben.
4. Parallel dazu die Brötchenhälften – ebenfalls auf dem Grill – anrösten. Wer keinen Grill hat, sollte eine Edelstahlpfanne nehmen und die Burger in heißem Öl braten.

zum schluss

5. Burger auf den Brötchen mit den Zutaten Ihrer Wahl anrichten (siehe Seite 109). Unsere Empfehlung: Mayonnaise, Zitrus-Salat, Gurkenstreifen, Senf, marinierte Pilze.

servier-tipp

Die Burger am besten mit je einem Zahnstocher fixieren, so lassen sie sich problemlos servieren. Und nicht vergessen: Servietten. Schließlich nimmt man zum Essen ja nur die Hände.

übrigens…

Wer Lammfleisch nicht so gerne mag, kann die Burger natürlich auch mit Rinderhack (800 g) zubereiten.

Jesus-Burger mit Fischhack (McMark)

Für 8 Stück

zutaten

600 g Rotbarsch- oder Kabeljaufilet
2 Essiggurken
1 Zwiebel
½ Bund Dill
2 Eier
abgeriebene Schale von 1 Zitrone
6 EL Semmelbrösel
Salz, Pfeffer
100 g Sesamsamen

Sonnenblumenöl zum Braten

8 Hamburger-Brötchen
(gibt es im Brotregal des Supermarkts; Alternative:
klassische Brötchen oder Toastbrotscheiben)

zubereitung

1. Das Fischfilet waschen, trocken tupfen, in kleine Stücke schneiden und durch den Fleischwolf drehen. Essiggurken in kleine Würfel schneiden. Zwiebel abziehen und ebenfalls fein würfeln. Dill hacken.
2. In eine Schüssel Fischmousse, Gurken, Zwiebel, Eier, Zitronenschale und Semmelbrösel vermengen. Mit Salz und Pfeffer abschmecken. Den Teig ca. 30 Minuten ruhen lassen.
3. Aus dem Teig 8 flache Frikadellen formen, jede in dem Sesamsamen wenden und in nicht allzu heißem Öl braten.
4. Parallel dazu die Brötchenhälften anrösten. Wer keinen Grill hat, sollte eine Edelstahlpfanne nehmen und die Brötchen in ein wenig Öl rösten.

zum schluss

5. Burger auf den Brötchen mit den Zutaten Ihrer Wahl anrichten (siehe Seite 109). Unsere Empfehlung: Mayonnaise, Avocadocreme, Gurkenstreifen.

übrigens ...

Wie Sie vielleicht merken, haben wir auch bei den Burgern auf Tomaten und Tomatenprodukte wie Ketchup verzichtet. Sollten Sie jedoch Appetit darauf haben und die Burger in klassischer US-Manier „veredeln" wollen, können Sie das natürlich gerne tun. Gott verzeiht auch kulinarisch (fast) alles ...

Jesus-Burger mit Käse (McMatt)

Für 8 Stück

zutaten

3 Pakete Halloumi (à 250 g;
zypriotischer halbfester Schnittkäse)
1 Zitrone

8 Hamburger-Brötchen
(gibt es im Brotregal des Supermarkts; Alternative:
klassische Brötchen oder Toastbrotscheiben)

zubereitung

1. Halloumi in fingerdicke Scheiben schneiden. Zitrone auspressen.
2. Die Käsescheiben auf einem Grill oder in einer leicht gefetteten, beschichteten Pfanne auf beiden Seiten braten. Dann mit etwas Zitronensaft beträufeln und bis zum Anrichten warm stellen.
3. Parallel dazu die Brötchenhälften anrösten. Wer keinen Grill hat, sollte eine Edelstahlpfanne nehmen und die Brötchen in ein wenig Öl rösten.

zum schluss

4. Die Käsescheiben auf den Brötchen mit den Zutaten Ihrer Wahl anrichten (siehe Seite 109). Unsere Empfehlung: Zitrus-Salat, Mayonnaise, Avocadocreme, Gurken- und Möhrenstreifen.

übrigens ...

Halloumi-Käse gibt es mittlerweile auch in gut sortierten Supermärkten, ansonsten in griechischen Lebensmittelläden. Diesen einfachen Burger kann man ebenso mit einem italienischen Käse zubereiten. Er heißt „Scamorza" und ist ein geräucherter Mozzarella. Auch er lässt sich in einer Pfanne gut braten und bietet durch sein feines Räucheraroma ein ganz besonderes Geschmackserlebnis.

Burger-Beilagen

Hier einige kleine Rezepte für die Beilagen zu den Jesus-Burgern. Damit sollen jedoch Ihrer persönlichen Fantasie keine Grenzen gesetzt werden. Sie können selbstverständlich auch die diversen Fertigprodukte verwenden, die zum Thema „Burger" passen und in Lebensmittelgeschäften angeboten werden.

gurkenstreifen
1 große Salatgurke
3 Knoblauchzehen
2 EL Salz

Salatgurke schälen und in zwei Hälften schneiden. Dann längs mit dem Sparschäler feine Gurkenstreifen abziehen, bis man auf die Kerne stößt. Streifen in eine Schüssel geben. Knoblauchzehen schälen und dazupressen. Mit Salz bestreuen. Ca. 30 Minuten ziehen lassen. Dann unter kaltem Wasser das Salz abbrausen und die Gurkenstreifen auf einem Teller anrichten.

möhrenstreifen
4 große Möhren
2 TL Honig
Saft von ½ Zitrone
1 EL Olivenöl
Zucker, Salz, Pfeffer

Möhren schälen und längs in ca. 8 cm lange Streifen schneiden. In heißem Salzwasser ca. 4 Minuten blanchieren. Aus Honig, Zitronensaft, Olivenöl und 1 Prise Zucker eine Marinade rühren und über die lauwarmen Möhrenstreifen geben. Mit Salz und Pfeffer abschmecken.

marinierte pilze
150 g Champignons
1 EL Olivenöl
2 TL Balsamico-Essig
Salz, Pfeffer aus der Mühle

Champignons putzen, in feine Scheiben schneiden und auf einem großen Teller ausbreiten. Mit Olivenöl und Essig beträufeln, mit Salz und Pfeffer würzen und ca. 3 Stunden ziehen lassen.

avocadocreme
1 Avocado
Saft von ½ Zitrone
2 TL Olivenöl
2 Knoblauchzehen
Salz

Die Avocado teilen, den Stein entfernen und das Fleisch mit einem Löffel herauslösen. In einer kleinen Schüssel Avocadofleisch, Zitronensaft, Olivenöl, durchgepresste Knoblauchzehen und 1 Prise Salz miteinander vermengen.

zitrus-salat
1 Eisbergsalat
Saft von 2 Zitronen
1 TL Zucker
1 EL gehackte Walnüsse

Eisbergsalat putzen, die Blätter abtrennen und in eine große Schüssel geben. Zitronensaft und Zucker verrühren und zusammen mit den Walnüssen über die Salatblätter geben. Alles miteinander vermengen.

salz-zwiebeln
2 große Gemüsezwiebeln
2 EL Salz

Zwiebeln schälen, halbieren und in feine Ringe schneiden. Das Salz darüber streuen und alles vermengen. Nach ca. 1 Stunde die Zwiebeln unter fließendem Wasser abwaschen.

fertigprodukte
leichte Salat-Mayonnaise
mittelscharfer Senf

Das 22. Kapitel.

Dann kam der Tag, an dem das Passah-Lamm geschlachtet werden musste. Jesus schickte Petrus und Johannes in die Stadt und sagte: »Geht und bereitet das Passahmahl für uns vor, damit wir es gemeinsam essen ...« Sie gingen und bereiteten das Passahmahl vor.

Als die Stunde gekommen war, begab Jesus sich mit den Aposteln zu Tisch und sagte zu ihnen: »Ich habe mich sehr danach gesehnt, dies Mahl mit euch zu essen ...« Und er nahm das Brot, sprach das Dankgebet, brach es und reichte es ihnen mit den Worten: »Das ist der Leib, der für euch hingegeben wird. Tut dies zu meinem Gedächtnis ... Denn seht, der Mann, der mich verrät und ausliefert, sitzt mit mir am Tisch. Zwar muss ich den Weg gehen, der für mich bestimmt ist. Aber weh dem Menschen, durch den ich verraten werde.« Da fragte einer von den Aposteln den anderen, wer von ihnen das wohl sei, der so etwas tun werde ...

Lukas, Kapitel 22, 7-23

Es war Judas. Und bevor er ging, um Jesus zu verraten, aß er von dem gebrochenen Brot. Auch vom Passah-Lamm bekam er wohl noch eine Portion mit. Spätestens dann aber forderte Jesus ihn auf: »Beeile dich und tue, was du zu tun hast!« Daraufhin gab Judas ihm den Judaskuss und verließ die Runde.

Fragt sich nur, was aus seinem Dessert geworden ist? Denn auch das gab es sicherlich beim letzten Abendmahl ... Wer hat es wohl gegessen?

Wir glauben, dass es sich um Ziegenfrischkäse mit heißem Honig und Pistazien handelte – und höchst-verdächtig scheint uns Johannes, der auf dem berühmten Abendmahl-Gemälde von Leonardo da Vinci neben dem Verräter sitzt und auf dessen Teller schielt.

Nicht verwunderlich indessen wäre, wenn auch Sie bei solchem Dessert um Nachschlag bitten sollten. Und was den Hauptgang betrifft, einen herrlich zarten Lammbraten: »Judas-Couscous« nennen wir die Beilage und »verraten« Genießern damit ein ganz besonderes Rezept.

Gesalbeite Lammkeule

Für 4 – 6 Personen

zutaten

1 große Lammkeule (1,5 – 2 kg mit Knochen)
Salz, Pfeffer
100 g Butter
3 Knoblauchzehen
1 unbehandelte Zitrone
13 Blatt Salbei

für die sauce

2 EL Balsamico-Essig
¼ l Rotwein
1 TL Speisestärke
Salz, Pfeffer
Kreuzkümmel

vorbereitung

1. Am Vortag die Lammkeule waschen und trocken tupfen. Mit Salz, Pfeffer und Butter rundherum gut einreiben.
2. Knoblauchzehen abziehen und in feine Stifte schneiden. Keule mit den Knoblauchstiften spicken. Zitrone in feine Scheiben schneiden. Die Keule auf ein ausreichend großes Stück Alufolie legen, Salbeiblätter und Zitronenscheiben darauf verteilen und fest einwickeln. Über Nacht im Kühlschrank ziehen lassen.

zubereitung

3. Am nächsten Tag die Lammkeule in der Alufolie in einen Bräter legen und bei 120 Grad (Gas: Stufe 1) je nach Größe 3 – 4 Stunden auf der mittleren Schiene im Backofen schmoren lassen. Dabei des Öfteren umdrehen.

zum schluss

4. Lammkeule aus dem Ofen nehmen. Backofen-Temperatur auf 250 Grad (Gas: Stufe 5) erhöhen. Keule aus der Alufolie wickeln, dabei den Bratensaft auffangen. Keule wieder in den Ofen geben und 15 Minuten bräunen. Vor dem Aufschneiden 5 Minuten ruhen lassen.
5. Aus dem Bratensaft mit dem Balsamico-Essig und dem Rotwein eine kleine Sauce kochen. Mit Speisestärke andicken und mit Salz, Pfeffer und 1 Prise Kreuzkümmel würzen.

servier-tipp

Zu diesem aromatischen Lammgericht empfehlen wir als Beilage das Couscous von Seite 114.

übrigens ...

Diese Art des langsamen Schmorens bei niedriger Temperatur können Sie auch bei anderen Fleischarten anwenden. Sie werden überrascht sein, wie zart das Fleisch dabei bleibt.

Judas-Couscous

Für 4 – 6 Personen

zutaten

250 g Couscous-Grieß
2 Möhren
1 Fenchelknolle
½ Lauchstange
½ Sellerieknolle
150 g Champignons
2 Schalotten
50 g Butter
2 EL Olivenöl
Salz, Pfeffer
2 TL gemahlenes Kurkuma (Gelbwurz)

zubereitung

1. Couscous in einen feinen Siebeinsatz geben. In dem Sieb in lauwarmem Wasser ca. 15 Minuten einweichen. Möhren, Fenchel, Lauch und Sellerieknolle putzen und in ca. 1 cm große Würfel schneiden. In einem größeren Topf ca. 2 Liter Wasser zum Kochen bringen. Gemüsewürfel hineingeben.

2. Den Couscous in dem Sieb über die kochende Gemüsebrühe hängen und im Dampf ca. 20 Minuten garen lassen.

3. Champignons putzen und vierteln. Schalotten abziehen und fein würfeln. In Butter und Olivenöl die Schalotten glasig dünsten. Dann die Pilze dazugeben, bräunen lassen, salzen, pfeffern und mit etwas Gemüsebrühe ablöschen.

zum schluss

4. Fertig gegarten Couscous – er sollte locker sein und nicht klumpen – in eine große Schüssel geben. In einer kleinen Schüssel 5 EL Gemüsebrühe mit dem Kurkuma verrühren. Über den Couscous gießen, salzen, pfeffern und umrühren, damit sich die gelbe Farbe gut verteilt.

5. Den fertigen Couscous auf einer Platte kegelförmig anrichten. Mit einem Schaumlöffel das Gemüse aus der Brühe holen und über den Couscous geben. Wiederum salzen und pfeffern. Dann die gebratenen Pilze darauf verteilen.

servier-tipp

Eine formidable Ergänzung zu diesem Gericht: Streuen Sie über den angerichteten Couscous etwa 50 g geröstete und gesalzene Pinienkerne.

übrigens ...

Wer lieber etwas würzigere Pilze mag, sollte zu frischen Shiitake-Pilzen greifen. Sie schmecken nussiger und sind mittlerweile nicht nur in Asien-Shops, sondern auch in vielen gut sortierten Lebensmittelgeschäften erhältlich. Das Gleiche gilt für das leuchtend gelbe Gewürz „Kurkuma", das viele Gerichte geschmacklich und farblich verfeinert.

Süßer Ziegenkäse mit Pistazienkrokant

Für 4 Personen

Zutaten
3 EL Zucker
50 g Pistazienkerne
4 kleine Ziegenfrischkäse
4 EL Honig (eine aromareiche Sorte
wie z. B. Lavendel- oder Rosmarinhonig)

4 große frische Feigen
schwarzer Pfeffer aus der Mühle
8 Minzblätter

Vorbereitung
1. Zucker in einem kleinen Topf karamelisieren lassen. Die Pistazienkerne hacken und unterrühren. Die Masse auf einer geölten glatten Unterlage (ideal: Marmorplatte) glatt streichen und erkalten lassen. Dann zu grobem Krokant zerhacken.

Zubereitung
2. Die Feigen vierteln und je vier Stücke auf einem Teller anrichten. Je einen Ziegenkäse in die Mitte setzen.
3. In einem kleinen Topf den Honig erhitzen, bis er flüssig ist. Flüssigen Honig über die vier Frischkäse geben, den Krokant darüber verteilen, nach Geschmack mit schwarzem Pfeffer aus der Mühle bestreuen und mit den Minzblättern dekorieren. Sofort servieren!

Die Fischsuppe am Strand von Tiberias

Nach seiner Auferstehung erschien Jesus seinen Jüngern noch zweimal – das letzte Mal am See von Tiberias: »Petrus war mit Thomas, Natanael, den Söhnen von Zebedäus und zwei anderen Jüngern fischen gegangen; aber während der ganzen Nacht fingen sie nichts. Als die Sonne aufging, stand Jesus am Ufer, und am Boden brannte ein Kohlenfeuer. Er bedeutete Petrus, sein Netz noch einmal auszuwerfen. Als Petrus es danach wieder an Land zog, war es mit 153 großen Fischen gefüllt, und obwohl es so viele waren, zerriss das Netz nicht. Dann aß Jesus mit ihnen ...«

Johannes, Kapitel 21, 9-14

Wer angelt, weiß, wie frustrierend es sein kann, wenn kein Fisch anbeißt. Und Petrus war Fischer von Beruf und hatte ein Netz dabei. Während der ganzen Nacht, so haben wir gerade erfahren, fingen er und seine Freunde, unter denen sich auch Thomas, der Zweifler, befand, nicht einen einzigen Fisch. Keinen Hecht, keinen Karpfen, keinen Zander.

Bei Sonnenaufgang sahen sie dann von weitem einen Mann am Ufer stehen, zu dessen Füßen ein Feuer brannte und den sie zunächst nicht erkannten. Erst als sie näher kamen, wurde ihnen bewusst, dass es ihr Herr war.

Vielleicht auch, um den ewig skeptischen Thomas zu überzeugen, ließ Jesus dann sein letztes Wunder geschehen: »Wirf dein Netz noch einmal aus, Petrus ...«

So voll zog Petrus es danach wieder an Bord, dass eigentlich alle Stricke hätten reißen müssen. Da zweifelte selbst Thomas nicht mehr ...

Klares Wasser aus dem See, 153 Fische und eine Feuerstelle – eigentlich alles, was man für eine gute Suppe braucht. Und einen Topf natürlich! Doch bedurfte es sicherlich nur noch eines kleinen Wunders, um auch den zu beschaffen.

Jedenfalls gehen wir davon aus, dass die Fischsuppe, die wir Ihnen jetzt servieren, am fehlenden Topf gewiss nicht gescheitert wäre.

Und ein Wunder wär's, wenn Ihnen die nicht wunderbar schmeckt!

Fischsuppe à la Tiberias

Für 4 Personen

Zutaten

4 Schalotten
4 Knoblauchzehen
Suppengemüse (½ Lauchstange, 1 Selleriestange, 1 Petersilienwurzel, 2 große Möhren, 1 Fenchelknolle)
1 unbehandelte Zitrone
2 kleine Rotbarben
6 mittelgroße Sardinen
4 EL Olivenöl
½ l Weißwein
1 TL getrockneter Thymian
6 Anchovis-Filets
2 Zweige Rosmarin
Salz
Pfeffer

1 Döschen gemahlener Safran (1 Gramm)
600 g Kabeljau- und/oder Rotbarschfilets
Butterschmalz

Für die Knoblauchsauce Ajoli

2 große Knoblauchzehen
Salz,
3 EL Olivenöl
1 Eigelb

8 getrocknete Pflaumen
100 g gekochte Linsen
1 EL Butter
1 EL Balsamico-Essig

gehackte glatte Petersilie zum Bestreuen
geröstetes oder getoastetes Weißbrot

Vorbereitung

1. Am Tag zuvor Schalotten und Knoblauchzehen abziehen und in kleine Würfel schneiden. Suppengemüse putzen und möglichst klein schneiden, damit es viel Aroma abgeben kann. Zitrone in Scheiben schneiden. Rotbarben und Sardinen waschen und gegebenenfalls ausnehmen.

2. In einem großen Topf Schalotten und Knoblauch im Olivenöl glasig dünsten. Suppengemüse dazugeben und 5 Minuten mitdünsten. Alles mit dem Weißwein ablöschen, dann 1 Liter Wasser dazugießen. Die geputzten Fische, Thymian, Anchovis-Filets, die Zitronenscheiben und die Rosmarinzweige dazugeben. Mit Salz und Pfeffer abschmecken und bei mittlerer Hitze ca. 2 Stunden köcheln lassen.

3. Dann die Fischköpfe und Rosmarinzweige entfernen. Den Sud durch ein feines Sieb streichen, sodass eine sämige Flüssigkeit, die Basis-Suppe, übrig bleibt.

Zubereitung

4. Am nächsten Tag die Basis-Suppe erhitzen und den Safran einrühren. Die Kabeljau- oder Rotbarschfilets waschen, in kleine Stücke schneiden und salzen.

5. Für die Ajoli den Knoblauch schälen und fein würfeln. Mit Salz in einem Mörser zerstoßen. Dann das Olivenöl tropfenweise dazugeben, bis eine sämige Creme entsteht, und schließlich das Eigelb unterrühren.

6. Die Pflaumen klein schneiden. Zusammen mit den Linsen in der Butter andünsten, mit dem Balsamico-Essig ablöschen, salzen und pfeffern.

7. Die Fischfilets in heißem Butterschmalz kurz braten.

Zum Schluss

8. Jeweils einige Fischfilet-Stücke in die Mitte von großen Suppentellern geben. Einen Esslöffel der Linsen-Pflaumen-Mischung darüber verteilen. Die Basis-Suppe sorgfältig darum gießen und das Ganze mit Petersilie bestreuen.

Servier-Tipp

Je nach Geschmack kann man die Knoblauchsauce in die Suppe einrühren oder aber auf die gerösteten Weißbrotscheiben streichen, die dazu serviert werden.

OBSTSALAT
AUS SALOMOS »LIED DER LIEDER«

Er: Dein Wuchs ist schlank wie eine Dattelpalme, ich will auf den

Palmbaum steigen und seine Zweige ergreifen.

Lass deine Brüste sein wie Trauben am Weinstock

und den Duft deines Atems wie Äpfel.

Lass deinen Mund sein wie guten Wein, der meinem Gaumen

glatt eingeht und Lippen und Zähne mir netzt.

Sie: Meinem Freund gehöre ich, und nach mir steht sein Verlangen.

Komm, mein Freund, lass uns aufs Feld hinausgehen und unter

Zypern die Nacht verbringen,

dass wir früh aufbrechen zu den Weinbergen und sehen,

ob der Weinstock sprießt und seine Blüten aufgehen,

ob die Granatbäume blühen.

Da will ich dir meine Liebe schenken.

Die Liebesäpfel geben den Duft, und an unsrer Tür

sind lauter edle Früchte, heurige und auch vorjährige: mein Freund.

Für dich hab ich sie aufbewahrt.

Salomos Hohelied, Kapitel 7, 7–14

Das Hohelied Salomos gehört zu den romantischsten Dichtungen aller Zeiten. Die biblischen Verse, in denen Liebender und Geliebte Erfüllung finden, sind voller Süße. Genießen wir deshalb zunächst die Sprache, die – im wörtlichen Sinne – die Sehnsucht von Mann und Frau beschreibt. Und bereiten dann daraus, wonach Feinschmecker beim Lesen vermutlich Sehnsucht bekommen werden: einen Obstsalat vom Allerfeinsten. Denn der Zutaten sind, wie wir soeben gelesen haben, genügend genannt: Ihr Wuchs schlank wie eine Dattelpalme, die Brüste wie Trauben am Weinstock, der Duft ihres Atems wie Äpfel, ihr Mund wie guter Wein …

Und nachdem sie die Nacht unter Zypern verbracht haben und die Geliebte den Geliebten am Morgen mit nach Hause nimmt: … an der Tür noch mehr edle Früchte, die sie für ihn aufbewahrt hat!

Datteln, Trauben, Äpfel – und zusätzlich Obst daheim. Kein Wunder, dass das Herz der beiden höher schlug.

Wir danken Salomo für die gepriesenen Zutaten – und hoffen, dass der Obstsalat, den wir aus dem »Lied der Lieder« zubereitet haben, auch Ihre Herzen höher schlagen lässt.

Himmlischer Obstsalat mit Vanille-Sahne

Für 4 Personen

zutaten

für die marinade
2 Orangen
1 Zitrone
2 cl Cointreau (Orangenlikör)
1 Prise Zimt
1 EL Zucker

die früchte
2 Äpfel
2 Birnen
8 Aprikosen
150 g Erdbeeren
½ Honigmelone
8 Datteln
150 g blaue Weintrauben

für die vanille-sahne
200 ml Schlagsahne
1 Päckchen Vanillezucker

100 g Schokostreusel

zubereitung der marinade
1. Orangen und Zitrone auspressen. Den Saft mit den übrigen Zutaten verrühren.

vorbereitung der früchte
2. Äpfel und Birnen schälen, entkernen und in feine Spalten schneiden. Aprikosen waschen, entsteinen und vierteln. Erdbeeren waschen, putzen und halbieren. Honigmelone schälen und in mundgerechte Würfel schneiden. Datteln entsteinen und klein schneiden. Weintrauben halbieren und entkernen. Alle Früchte locker miteinander vermengen.

zubereitung der vanille-sahne
3. Schlagsahne mit dem Vanillezucker steif schlagen.

zum schluss
4. Marinade über die Frucht-Mischung geben, unterrühren und 5 Minuten ziehen lassen.
5. Zum Anrichten Obstsalat auf Teller geben, Vanille-Sahne darüber streichen und mit Schokostreuseln bestreuen.

3. [2.] Dein Schoß ist wie ein runder Becher, dem nimmer Getränk mangelt. Dein Leib ist wie ein Weizenhaufen, umsteckt mit Rosen.

4. [3.] Deine zwei Brüste sind wie zwei junge Rehzwillinge.
K. 4, 5.

5. [4.] Dein *Hals ist wie ein elfenbeinerner Turm. Deine Augen sind wie die Teiche zu Hesbon am Tor Bathrabbims. Deine Nase ist wie der Turm auf dem Libanon, der gen Damaskus sieht.
*K. 4, 4.

6. [5.] Dein Haupt steht auf dir wie der Karmel. Das Haar auf deinem Haupt ist wie der Purpur des Königs, in Falten gebunden.

7. [6.] Wie *schön und wie lieblich bist du, du liebe voller Wonne!
*K. 1, 15; 2, 14.

8. [7.] Dein Wuchs ist hoch wie ein Palmbaum und deine Brüste gleich den Weintrauben.

9. [8.] Ich sprach: Ich muß auf den Palmbaum steigen und seine Zweige ergreifen. Laß deine Brüste sein wie Trauben am Weinstock und deiner Nase Duft wie Apfel

10. [9.] und deinen Gaumen wie guter Wein, der meinem Freunde glatt eingeht und der Schläfer Lippen reden macht.

Mit den Worten: „der meinem Freunde glatt hinunterfließt, über Lippen und Zähne gleitend," fällt ihm Sulamith in die Rede und ladet ihn ein „in meiner Mutter Haus und in die Kammer derer, die mich gebar". Da sollen sie vertraut zusammenleben wie Bruder und Schwester, von keinem höhnischen Blick gekränkt. Sie betet ihn und wacht über seinem Schlaf.

11. [10.] Mein *Freund ist mein, und nach mir steht sein Verlangen.
*K. 2, 16.

12. [11.] Komm, mein Freund, laß uns aufs Feld hinausgehen und auf den Dörfern bleiben,
K. 1, 10—13.

13. [12.] daß wir früh aufstehen zu den Weinbergen, daß wir sehen, *ob der Weinstock sprosse und seine Blüten aufgehen, ob die Granatbäume blühen; da will ich dir meine Liebe geben.
*K. 6, 11.

14. [13.] Die Lilien geben den Geruch, und über unsrer Tür sind allerlei edle Früchte. Mein Freund, ich habe dir beide, heurige und vorjährige, behalten.

Das 8. Kapitel.

1. O, daß du mir gleich einem Bruder wärest, der meiner Mutter Brüste gesogen! Fände ich dich draußen, so wollte ich dich küssen, und niemand dürfte mich höhnen!

2. Ich wollte dich führen und *in meiner Mutter Haus bringen, da du mich lehren solltest; da wollte ich dich tränken mit gewürztem Wein und mit dem Most meiner Granatäpfel.
*K. 3, 4.

3. Seine Linke liegt unter meinem Haupt, und seine Rechte herzt mich.
K. 2, 6.

4. Ich beschwöre euch, Töchter Jerusalems, daß ihr meine Liebe nicht aufweckt noch regt, bis es

Zehntes Lied V. 5—14.
Sie kommen miteinander von der Trift und wandeln der Hütte der Mutter zu. Angesichts dieser Wohnung und des Apfelbaums, wo er sie zuerst gefunden, besiegeln sie in trautem Wechselgespräch ihren Bund auf ewig.

5. Wer ist die, die heraufsteigt von der Wüste und lehnt sich auf ihren Freund? Unter dem Apfelbaum weckte ich dich; da ist dein genesen deine Mutter, da ist dein genesen, die dich geboren hat.

6. Setze mich wie ein Siegel auf dein Herz und wie ein Siegel auf deinen Arm. Denn Liebe ist stark wie der Tod, und ihr Eifer ist fest wie die Hölle. Ihre Glut ist feurig und eine Flamme des Herrn,

7. daß auch viele Wasser nicht mögen die Liebe auslöschen noch die Ströme sie ertränken. Wenn einer alles Gut in seinem Hause um die Liebe geben wollte, so gölte es alles nichts.

Sulamith bittet ihren Freund, sie wie einen Siegelring an seinem Herzen zu verwahren (Jer. 22, 24; Hagg. 2, 23). Echte Liebe, von der Flammenmacht des HErrn angefacht, könne keine Wasserflut auslöschen, und kein Gut der Erde wiege sie auf. Die Liebe in ihrer standhaften Treue will das Hohelied darstellen; und eine solche Treue, die weder durch Lust noch durch Furcht sich von dem Geliebten abziehen läßt, sind wir sie nicht auch unserm Gott und Vater, unserm HErrn und Heiland schuldig (Offenb. 2, 10)?

8. Unsre Schwester ist klein und hat keine Brüste. Was sollen wir unsrer Schwester tun, wenn man nun um sie werben wird?

9. Ist sie eine Mauer, so wollen wir ein silbernes Bollwerk darauf bauen. Ist sie eine Tür, so wollen wir sie festigen mit Zedernbohlen.

10. Ich bin eine Mauer, und meine Brüste sind wie Türme. Da bin ich geworden vor seinen Augen, als die Frieden findet.

Sulamith ist nicht mehr das kleine Schwesterlein, das die Brüder (1. Mose 24, 50. 55) zu hüten und für die sie zu sorgen hatten. Sie hat sich als unzugänglich für Verführung, als eine unbezwingliche Feste gezeigt.

11. Salomo hat einen Weinberg zu Baal-Hamon. Er gab den Weinberg den Hütern, daß ein jeglicher für seine Früchte brächte tausend Silberlinge.

12. Mein eigener Weinberg ist vor mir. Dir, Salomo, gebühren tausend, aber zweihundert den Hütern seiner Früchte.

Sie gönnt Salomo seinen Reichtum und möchte nicht mit ihm tauschen. „Aber meinen Weinberg (Kap. 1, 6), d. h. über meine eigene Person, verfüge ich selber"; er gehört meinem Freunde; seine Liebe macht mich reich und glücklich. — „Ich will dich lieben, schönstes Licht, bis mir das Herze bricht."

13. Die du wohnest in den Gärten, laß mich deine Stimme hören; die *Genossen merken darauf.
*Ps. 46, 18.

14. Flieh, mein Freund, und sei *gleich einem Reh oder jungen Hirsche auf den Würzbergen!
*K. 2, 9.

Mit der Aufforderung von seiten des Freundes, Sulamith möge ihn und ihre Gespielen durch ein Lied erfreuen, und mit ihrer Gegenbitte, seine gazellengleiche Gewandt-

Verzeichnis der Rezepte

öle

Salbei-Knoblauch-Öl 48

Steinpilz-Zimt-Öl 48

Zitronen-Rosmarin-Öl 48

diät-gerichte

Apfel-Zwiebeln mit Feta-Gratin 88

Brokkoli-Buttermilch-Creme 90

Crêpes mit Pilz-Walnuss-Füllung 91

Fenchel-Orangen-Salat 88

Gefüllte Auberginen 89

Gefüllte Mangoldröllchen 90

Gemüsesuppe 87

Geschmorter Fenchel 83

Grünes Ratatouille 86

Halloumi mit Rettich & Rucola 87

Kalter Couscous 83

Marinierter Spargel mit Pinien-Polenta 82

Polenta-Würfel mit Spinat-Haselnuss-Pesto 84

Röst-Polenta mit Artischocken 86

Rote-Bete-Carpaccio mit Schafskäse 84

Zucchini-Gratin 85

getränke

Archies Äppelwoi 20

Archies Apri'-Bellini 20

Archies Vino con fico 21

Davids Power-Cocktail 60

Danksagung

Autoren und Redaktion danken all jenen herzlich, die zur Entstehung dieses Buches beigetragen haben. Besonderer Dank gilt: Stefan Ziemann, Leiter des Kochstudios von „Meine Familie & ich", sowie Adele Schmidt, Ina Schmidt, Gertrud George, Anna Margenburg, Familie van Rossum, Birgit Suhre, Katharina Tilemann, Tilman Lang, Annette Hillig, Robert Bering, Claudia Desgranges, David Haberkamp und Judy Bister.

KOCHDUELL
Die schnellste Kochshow der Welt

Das Profiwissen der Weinexperten

Christina Fischer/Hendrik Thoma

KOCHDUELL – Das Weinbuch

Hier erfahren Sie endlich alles, was Sie immer schon über Wein wissen wollten, aber nie zu fragen wagten.
Die Kochduell-Weinprofis geben Ihnen alle Antworten.

- *Welcher Wein passt zu welchem Essen?*
- *Welche Temperatur sollte Rosé, roter oder weißer Wein haben?*
- *Welcher Wein sollte schon vor dem Essen geöffnet werden?*
- *Wie lagere ich meinen Weinvorrat am besten?*
- *Wieviel muss und darf der richtige Wein wirklich kosten?*

Mit einem Überblick über die besten Weinsorten – Expertenwissen für jedermann

96 Seiten, zahlr. farb. Abb., geb. DM 19,90/ öS 145,-/ sFr 19,-, ISBN 3-8025-1404-1

Christina Fischer/Hendrik Thoma

KOCHDUELL – Der Einkaufsführer Rotwein

Fachkundige Beratung, Produktauswahl und -präsentation, ein gutes Preis-Leistungsverhältnis und ganz einfach Freundlichkeit – nach diesen Kriterien haben Christina Fischer und Hendrik Thoma den Weinhandel getestet: von Aldi und Edeka über Karstadt bis zum exklusiven Winzer.

Das Ergebnis: Die besten Rotweine in den Preisklassen bis DM 10,00, DM 20,00 und DM 30,00 – sachkundig und leicht verständlich kommentiert.

96 Seiten, zahlr. farb. Abb., geb. DM 25,-/ öS 183,-/ sFr 23,-, ISBN 3-8025-1427-0